JN441504

지방의원의 길

문

이영철 의장
의정담론집

지방의원의 길

이영철 지음

門文聞問

지방의원,

아무나 합니까?

4선의 지방의원으로 의정활동을 해오는 동안 꼬리를 물고 다니던 상념이 바로 '의원의 자질'이었다. 직업 공무원인 전문 행정관료로 구성된 집행부를 견제하고 감시하며, 때론 협력해야 하는 등 의회 본연의 역할을 수행하기 위해 그에 걸맞은 자질에 대해 늘 고민하지 않을 수 없었다. 행정이 날로 진화하고 빠르게 변화 · 발전하면서 복잡 다양해지는 현실에 있어서 더욱 그랬다.

이러한 현실에 반해 지금의 지방의회는 이에 크게 미치지 못하고 있는 것은 분명하다. 심지어 고성과 폭언 등 고압적 형태가 난무했고, 선출직 공직자로서 있을 수 없는 추태를 일삼는 경우도 종종 언론에 오르내리는 등 '지방의원의 자질론'이 세간에 화제가 된 적도 있었다. 따라서 지방의회의 역할에 문제를 제기하는 이들도 있었고 심지어 기초지방의회의 폐지론이 고개를 든 적도 있었다.

이 모두가 지방의원의 자질 부족이 원인이라는 생각을 늘 했었다. 한편으로는 지방의원이 되려면 적정의 교육과정을 거치거나, 그에 상응하는 자격제도를 겸비해야 한다는 대안이 수차례 제기되기도 했었다.

필자의 이러한 고민 끝에 나온 것이 바로 “지방의원의 길, 문”이다.

이 책에는 지방자치 시대의 지방의회의 역할이 무엇인지 명확하게 명기되어 있다. 또 그 역할을 제대로 수행하기 위해서 지방의원은 어떤 원칙과 정신자세가 필요한지를 말하고 있다. 지방의원의 덕목을 정확하게 일깨워 주겠다는 필자의 의도를 전반부에 배치한 것이다.

그리고 실질적인 의정활동의 경험담은 중반부에 위치한다. 4선 의정활동의 노하우를 여기에 담았다. 발언과 자료요구 등에 있어 선택과 집중의 중요성에 대해 언급했고, 행정사무감사 기법, 조례 제 · 개정에 있어서 놓치지 말아야 할 핵심사항 등을 예시를 들어 나열했다. 뿐만 아니라 지방재정은 어떻게 구성되고 운영되며 그것을 토대로 세입과 세출예산은 어떻게 편성되고 예산 심의에 있어서 중요하게 다뤄야할 사안은 무엇인지 꼬집었다.

끝으로 의정칼럼을 담았다. 평소 의정활동에 있어서 중요하게 생각해야 하는 부분이 무엇이며, 의원 개개인이 민의의 대변자로서 절대로 잊지 말아야 하는 점을 다시금 강조하고 싶었다. 또한 지방분권의 분위기가 한창인 시점에 제대로 된 지방의회의 역할과 의원의 자질 향상을 위해 제도적으로 나아가야 할 방향도 제시했다. 그리고 지방의회의 문제점도 과감하게 들춰냈을 뿐 아니라 현행 선거구제와 공천제의 폐단도 꼬집었다.

“다른 벼슬은 구할 수 있으나, 목민관을 하겠다고 구하는 것은 옳지 않다.” 라는 목민심서의 조언이 이 책의 발간 취지라 할 수 있다. 목민을 하겠다는 사람의 정신자세와 바른 태도가 무엇인지 목민심서가 알려주었듯이, 이 책 “문”이 지방의원을 하려는 사람들의 길과 문이 되었으면 하는 바람이다.

그래서 이 책 “문”은 여러 가지 의미를 내포하고 있다.

文. 이 책은 지방의원 길라잡이 글월로 채워져 있다. 제대로 된 의정활동을 위해서는 이 배움의 길을 통해 공부하고 연구하여 자질을 갖춰 달라는 의미이다.

問 · 聞. 배움에 있어서 묻고 듣고 하는 소통과 경청은 기본이다. 길을 묻고 그리고 찾아서 알고 깨우치는 과정이 이 책을 통해 이루어졌으면 하는 바람이다. 이런 과정을 통해 의원의 자질이 향상되고 의정활동의 질이 높아지는 門이 되었으면 하는 바람에서 이 책을 엮었다.

이 책이 나오기까지 많은 분들의 도움이 있었다. 특히 최민수 교수님(의정활동의 전략과 기법), 김용석 시의원님(행정사무감사 예비학교), 김대현 전 국회 사무차장님(조례안 입안 및 심사기법)의 강의와 교재를 평소 스승으로 알고 정독했기에 이 분들의 사고가 이 책 곳곳에 묻어있다. 이를 활용하고 인용하는데 기꺼이 허락해 주신 분들에게 고마움을 표한다.

지방의원, 아무나 합니까?

지방의원이 의정활동을 잘 하려면 잘못된 점과 미흡한 점을 찾아 새로운 대안 정책이 왜 필요한지를 제시하는 의회 본연의 기능이 제대로 발휘되어야 한다. 이를 위해서는 능력 배양이 절대적이다. 바로 이 책이 지방의원의 능력 배양에 자양분이 되기를 바라며, 전국 지방의회 의원들에게 조금이나마 도움이 되었으면 한다.

2018. 3. .

서울특별시 강서구의회 의장

이영철

글 싣는 순서

제1편

지방자치와 지방의회의 역할

"지방자치는 민주성에 근간을 두고 있으므로
지역민의 뜻을 올바르게 대변해야 한다.
즉 민주주의의 꼭짓점에서
모든 시스템이 작동되어야 한다.
이것이 바로 지방자치의 생명이다."

1
지방자치는 무엇이고 어떤 역할을 하는가.

지방자치(自治)는 '스스로 다스리다'라는 뜻이다.

지방자치의 발전은 지방의회가 집행부에 대한 견제와 감시(감사)를 통해 균형을 어떻게 잘 잡아가느냐에 달려있다.

지방의원은 집행부에 대해 끊임없는 견제, 감시, 비판과 수정적인 대안을 통해 한 치의 치우침이 없는 올바른 균형을 유지해야 한다. 그 역할에 100% 주민들이 만족하지 못한 이유에 대해 반성과 더불어 분석이 함께 뒤따라야 한다.

의정활동의 목적은 자신이 소속된 행정기관(부)의 예산을 꼼꼼히 따지고 주요 핵심 정책 결정은 제대로 하는지, 지방자치단체장의 인사에는 문제가 없는지 살펴야 한다. 아울러 선거를 의식한 표만 바라보는 억지 예산은 없는지도 봐야 한다.

특히 가장 문제라 할 수 있는 예산을 내 돈으로 착각하거나 목적외로 사용한다거나 어느 한쪽에 편중되고 특정 지역에만 몰아주는 등 편법적인 집행은 없는지 제대로 들여다봐야 한다.

지방의원은 자신의 지역주민들도 중요하지만 넓게 보면 행정구역 전체의 균형발전과 미래지향적인 비전도 제시할 수 있는 혜안도 필요하다.

경험적인 차원에서 언급해 본다.

지방의원 중에는 정작 집행부를 견제, 감시, 지적, 비판하기 보다는

집행부의 대변인을 자처하는 의원들을 더러 봐왔다. 지방자치단체장의 비서나 보좌역을 수행하는 경우도 가끔 있다.

어떤 목적으로 구의원을 하고 시의원을 하는지, 의정활동이 어떤 사익을 위한 하나의 도구로 악용되지는 않는지 되묻지 않을 수가 없다.

지방의회는 풀뿌리 민주주의의 기본 요소이다. 지방의회가 집행부에 대한 견제와 감시라는 제 역할을 다해야 비로소 민주주의의 발전이 가능하다. 지방의원으로서 자세, 윤리강령도 목숨과 같이 여겨야 한다.

지방자치시대가 펼쳐지기 이전에는 국가주도형 중앙집권이 산업사회의 국정운영을 주도해 왔다. 이렇다보니 지방행정은 중앙행정을 보좌하는 역할이 대부분이었고 각 지방이 다양성과 창의성을 발휘하기 힘든 여건이었다. 이것이 지방자치 부활의 이유이다.

21세기 오늘을 보자.

현재의 지방자치는 주민이 직접 지방자치단체장과 지방의원을 선출하여 민주주의를 실현하고 발전시켜 가고 있다. 그 발전이 사람(지역과 주민)을 이롭게 하고 튼튼하게 만들고 있다.

즉 민주주의 국가의 정치는 바로 국민을 위한 것이듯이 지방자치는 지역주민에 의해 이루어지고 있음을 인식해야 한다. 주민이 주인이란 말이다.

자신이 속한 지역이 지난 4년간 어떤 모습으로 발전했는지에 따라 주민들은 지방의원의 의정활동에 대한 냉정한 평가를 내릴 것이다. 주민의 눈은 매섭다.

만일 제대로 된 의정활동을 못했다면 불행하게도 그 지역은 더 발전할 수 있는 기회를 4년간 빼앗긴 셈이다. 그 피해는 고스란히 그를 믿고 뽑아준 주민들에게 돌아간다.

지방자치가 추구하는 목적은 지역 발전과 주민의 삶의 질을 높이기 위해 부단히 노력하는 지방행정의 구현이다.

지방의원은 지방자치가 추구하는 목적을 달성하기 위한 가교의 역할을 충실하게 수행하는 사람이다. 즉 지방의원은 지역의 특성을 살려 지역발전에 도움을 주는 다리 역할자다. 아울러 행위자라고 하는 부분도 잊지 말아야 한다.

결론을 말하자면 잘 갖춰진 지방자치는 지역주민을 대변하는 지방의원이 주민과 소통하고 여기에서 제시된 대안을 실행에 옮길 수 있도록 매개체와 촉매제가 되어야 한다는 것이다.

이러한 역할을 잘 수행한다면 그 지역의 균형 있는 성장발전은 물론 자신을 뽑아준 지역주민들의 삶의 질을 끌어 올리는 결과물을 만들어 낼 수 있을 것이다.

바로 함께 성장할 수 있도록 길을 개척하는 것이 지방의회다. 궁극적으로 지방자치 발전은 곧 국가 전체의 사회 · 경제 · 문화 모든 분야의 발전으로 이어지게 되며, 대한민국이 선진국으로 가는 주춧돌이라는 점을 잊지 말아야 한다.

▲ 이영철 의장 현장톡톡 TIP

지방의원은 선거를 통해 주민의 선택을 받아 선출되는 것이다. 그 결과 법적으로 주민의 대표가 되고 권한이 주어지게 된다. 그 권한은 자신이 아니라 주민을 위해 올바르게 쓰여야 하며, 집행부를 올바로 견제하는데 사용되어야 한다.
이를 위해서는 끊임없는 공부와 노력이 필요하고 균형감각을 길러야 한다.

지방의회의 목적은 주민 행복 추구

"우리의 진정한 대변인을 시의회, 국회의사당으로 보냅시다."

1952년 지방자치법에 따라 시행된 최초 지방선거 유세에 이런 구호 문구를 새긴 유세차량이 옛 기록사진에 남겨져 있다.

이후 1961년 5 · 16 이후 지방의회가 해산된 이래 지방자치가 부활된 지 30년이 가까운 지금도 지방자치의 제1의 목표는 '행복추구와 지역 발전'이다.

지방자치의 주관 부처인 행정안전부 장관 역시 "과거에 지방자치가 단체장, 의회중심의 제도 자치였다면 이제는 주민 행복 중심의 생활 자치로 꽃을 피우고 있다."라고 말하며 지방자치의 목적은 예나 지금이나 변함이 없음을 시사하였다.

지방자치는 곧 작은 정부다. 모든 권리와 의무는 주민참여로써 결정된다는 민주주의 기구다.

우리 지방자치는 기관대립형으로 의회와 집행기관이라는 양대 산맥으로 균형을 맞추고 있다. 표면적으로는 잘 대치된 대립형이지만 사실은 자칫 한쪽으로 치우치거나 아예 견제와 균형으로 대립을 이루지 못한 반쪽짜리의 주민자치 행정으로 흘러갈 수 있는 여지가 많다.

그래서 곳곳에서 비리가 나오고 가장 중요한 예산이 줄줄 새는 경우가 종종 발생하고 있다. 지방자치가 추구하는 주민 행복 중심이 무너지면 사익을 좇는 부작용이 나타날 가능성이 불 보듯 뻔하다.

집행기관 수장이 자신의 영달을 위해 제도를 악용하고 지방의회로부터 교묘하게 벗어나는 행태도 무수히 많았다. 지방의회와 지방자치가 정당정치에 따라 흔들리는 경우도 많았고 지금도 진행형이다.

지방의회 본연의 업무가 정당정치의 소용돌이에 휘말려 윤리강령을 망각하고 지역주민들을 배신하는 정치에 내몰리는 경우의 수도 많다.

지방의원은 국회의원과 나란히 하는 것이 아닌 철저하게 지역주민들과 나란히 하는데 충실해야 한다. 이것이 완전하게 정립이 될 때 지방의회 존립의 목적과 주민 행복이 보장될 수 있다.

2
대한민국 지방자치의 발자취

고려시대 유향소 유향관이 지방의회 뿌리

우리나라 지방의회 뿌리는 유향소(留鄕所)와 매우 흡사하다.

이들은 유향품관(留鄕品官)으로서 아직도 향리 신분에서 벗어나지 못한 부류와 자신을 구분하려 했다. 예전처럼 계속 향촌의 주도권을 장악하려면 그들 자신이 중심이 된 기구를 만들어야 했다. 이것이 바로 유향소이다.

유향소의 유향품관들은 품계상으로 수령보다 높은 경우가 많았다. 조선 초에 수령 대부분의 자질이 낮아 그들(지역 원로 유지)이 수령을 능멸하는 일들이 자주 일어났다.

조선 초기부터 지방에는 각 지역마다 지역의 지배층인 현족으로 구성되는 계(契)가 있었다. 그 구성원을 향원(鄕員)이라 했다. 향원 중에서 덕망 있고 나이 든 사람을 향헌(鄕憲) · 향유사(鄕有司) 등으로 뽑았다. 이들은 계의 임원으로서 향집강(鄕執綱)이라 했다.

유향소 좌수는 계를 대표하는 기관이 아니라 계의 집행기관으로서 향집강 등의 감독을 받았다. 좌수는 향원들의 모임인 향회에서 권점(圈點 : 후보자 이름 위에 점을 찍는 것)해 다수결로 선출하며, 그 결과를 올리면 경재소당상이 임명했다. 지금의 지방의회 의장 선출과 비슷하다.

당시 후보자는 문벌 · 역량이 있어야 했고 별감은 30세 이상, 좌수는 50세 이상을 뽑는 것이 통상적인 관례였다.

지금처럼 지방자치단체장이 바뀌거나 지방의회 수장 즉 의장이 바뀌면 조직을 다시 정비하듯이 당시에도 수령이 바뀌면 별감이 관아의 이방이 되며, 향집강이 이방 · 호방을 천거해 임명하게 하는 등 향청에서 작청(作廳, 官衙)을 지휘하기도 했다.

3
근현대사 혼돈의 시대와 지방의회의 부활

민주주의 뿌리 성숙도 지방의회 역할에 달라져

1948년 정부수립 1년 뒤 1949년 7월 4일 지방자치법을 제정 공포했다. 1952년 한국전쟁 중 선거 가능한 지역에서 지방선거를 치러 제1대 지방의회가 탄생했고 그리고 4년 뒤 제2대 지방의회, 1960년에 제3대 지방의회가 구성됐다.

지방의회의 기능보다는 주민들 위해 군림하는 관료적인 모양새가 짙었다.

1961년 군사정부에 의해 지방자치는 맥없이 무너졌고 법도 효력을 잃는 아픔도 겪었다. 의회는 해산되고 지방자치법의 효력도 정지됐다. 철저하게 중앙집권시대가 열린 셈이다. 이 당시는 철저하게 중앙체제로 지방은 그야말로 중앙만 바라보는 시기였다.

1970년대 유신체제에서는 지방자치가 국정운영에 방해가 된다며 용어조차 쓰지 못했다. 따라서 지방의회 역시 자생할 수도 중앙정부를 향해 항거할 수도 없게 되었다.

그러나 1980년대 들어 지방자치의 실시 여부가 정치권에서 눈을 뜨기 시작했다. 1987년 6 · 29선언으로 지방자치가 부활의 태동을 보이게 된 것이다.

이듬해인 1988년 지방자치법이 전면 개정된 후 1991년 개정된 지방자치법에 따라 지방의회가 구성됐다. 30년 만에 선거를 통해 지방의회가 재탄생한 것이다.

4년 후 1995년 6월 27일 비로소 지방자치단체장 선거를 치렀고 본격적인 지방자치제가 실시됐다. 바야흐로 지방자치단체장 즉 특별시장·광역시장·도지사와 시장·군수·구청장을 주민의 손으로 선출하는 명실상부한 민선시대를 열었다.

그러나 고유사무와 위임사무가 3:7의 비율을 보이고 있어 위임사무가 큰 비중을 차지해 지방자치라는 말이 다소 무색했다.

이렇듯 우리나라의 지방자치제는 짧은 역사이지만 복잡하고 다양한 과정을 거치면서 외형적 성장을 거듭하고 내실화를 다져왔다. 그리고 민주주의 뿌리인 지방의회가 그 중심에서 선도적 역할을 하면서 다양한 주민의 의견을 수렴하고 통합·조정해 가면서 지방자치제가 자리를 잡아가는데 일조한 부분도 무시할 수 없다.

헌법에 근거한 지방자치단체는 자치에 관한 행정사무와 국가가 위임한 사무를 처리하고 재산을 관리하며 의회를 반드시 설치해야 했다. 지방자치와 지방행정을 헌법에서 보장함으로써 지방의회와 집행부가 쌍두마차격 구조로 지역주민들의 삶을 윤택하게 하고 지방자치의 성숙도를 끌어올리는 풀뿌리 민주주의를 튼튼하게 자리매김 했다.

중앙집권체제의 권력분립 수단이 바로 지방자치이고 지방의회 역시 중추적 역할을 하게 된 것이다.

▲ 이영철 의장 현장톡톡 TIP

"지방의원 이라고 해서 시계추처럼 때가 되면 회기 때 의회 참석하고 지역구를 돌아보고 행사에 얼굴 내미는 정도만으로는 의정활동을 완벽하게 해낼 수가 없다. 지역주민들은 지방의원의 일거수일투족을 훤히 꿰뚫고 있다."

4
지방자치의 구조와 지위

지방자치는 '자신이 속한 지역의 일을 주민들이 자율적으로 처리한다'는 민주정치에 기반하고 있다. 지방자치를 꽃 피우기 위해서는 외부적으로 중앙정치로부터 자유로워야 하며, 내부적으로는 의결기관과 집행기관이 건강한 긴장관계를 유지해야 한다.

지방자치의 구조는 의결기관(의회)과 집행기관으로 구분되고 의회의 기능은 집행부에 대해 견제와 감시를 통해 균형을 이루는 것이 본령이다.

견제와 감시를 통한 균형

지방자치도 이제 청년기를 맞았다. 성숙된 지방의회와 지방의원의 역할론이 어느 때보다 커지고 가장 필요로 하는 단계에 이르고 있다.

우리나라는 지방자치 시대에 걸맞지 않게 중앙정치 즉 정당정치에 지방의원은 물론 지방자치단체장까지 좌지우지되는 특성이 매우 강한 경향이 있다.

이런 흐름 때문에 현장감이 떨어진 이들이 의회에 입성하게 되고 의석수 확보에만 열을 올려 그 피해가 고스란히 지역주민들에게 돌아가는 악순환이 되고 있다.

지방자치의 유형을 몇가지 살펴보자. 먼저 기관통합형은 지방자치단체가 가지고 있는 자치권인 의결기능과 집행기능을 지방의회가 모두

가지는 구조이다. 지방의회가 지방자치단체의 의결기관인 동시에 집행기관을 모두 수행한다고 보면 된다.

그 대표적인 국가가 미국 위원회형, 영국의 의회 위원회형, 프랑스의 의장형을 꼽을 수 있다. 이들 국가의 공통점은 단체장을 위한 선거는 하지 않고 지방의원 선거만 치른다.

여기에는 단점도 있다. 권력이 남용되기도 한다. 유능한 인물을 뽑는데 한계가 있을 수 있다. 서로가 자신의 이익이 되는 사람을 중심으로 뽑을 수 있기 때문이다.

우리나라가 취하고 있는 기관분리형(대립형)은 어떠한가. 기관분리형은 권력분립의 원칙에 따라 지방자치단체의 의결을 담당하는 의회와 집행기능 담당하는 집행부를 각각 분리 독립시키고 상호간에 견제하게 된다.

기관분리형은 기관통합형과는 달리 의결기관과 집행기관의 알력, 갈등이 심화되어 능률성, 안정성이 저해되고 서로에게 책임을 미루는 등 책임귀속이 약화되는 단점이 있지만, 상호 견제할 수 있어서 민주적인 성격이 더 강하다.

집행부는 지방자치단체장의 선심성 예산집행과 외부의 압력에 따라 예산의 집행이 편중되는 사태도 빈번해 왔다. 이를 감시해야 할 의회의 기능이 무뎌지거나 소홀할 경우 예산의 부적절한 집행은 발생한다.

이런 부분이 권력 남용으로 견제와 감시, 균형이 깨진 경우다. 그 피해는 고스란히 지역주민들에게 돌아가 예산이 낭비되고 갑론을박의 소모전으로 번져 여론까지 왜곡될 수 있다. 구태의연한 후진국형 지방의회가 제기능을 못해 지역발전에 저해가 되는 사례가 비일비재했다.

그 책임은 시의장, 구의장은 물론 해당 지방의원까지 곤경에 처하게 한다. 지방의회로서의 지위와 제 기능을 제대로 유지하지 못할 경우

막대한 손실이 부메랑처럼 되돌아 온다는 점을 기억해야 한다. 지방자치단체장의 판단 오류로 주요 정책이 주민들의 복리 증진에 저해가 된다면 당장 견제기구인 의회는 행정사무감사 및 조사권을 행사해야 한다.

지방자치의 구조와 지위는 다양한 계층의 지역주민들이 원하는 정책을 잘 반영될 수 있도록 하는데 그 생명력이 있다.

집행부와 지방의회가 지탱할 수 있다는 점은 지방자치단체의 다양한 정책을 입안, 의결, 집행하는 과정에서 법률로 정한 권한을 상호존중하자는 사전적 약속이다.

주민에 의해서 선출된 양측이 독주 또는 시행착오를 범하지 못하도록 하는 지방자치의 정신이 담겨져 있다.

5
지방의회의 권한과 역할

지방의회의 권한은 매우 중요하다. 이 권한을 통해 집행부를 견제하고 감시하며 균형을 유지할 수 있기 때문이다.

지방자치법 제5장 제3절의 지방의회 권한에는 주민의 복리증진을 위하고 집행부를 견제하기 위하여 지방의회의 권한을 다음과 같이 규정하고 있다.

지방자치법 제39조(지방의회의 의결사항)

① 지방의회는 다음 사항을 의결한다.

1. 조례의 제정 · 개정 및 폐지
2. 예산의 심의 · 확정
3. 결산의 승인
4. 법령에 규정된 것을 제외한 사용료 · 수수료 · 분담금 · 지방세 또는 가입금의 부과와 징수
5. 기금의 설치 · 운용
6. 대통령령으로 정하는 중요 재산의 취득 · 처분
7. 대통령령으로 정하는 공공시설의 설치 · 처분
8. 법령과 조례에 규정된 것을 제외한 예산 외의 의무부담이나 권리의 포기
9. 청원의 수리와 처리
10. 외국 지방자치단체와의 교류협력에 관한 사항
11. 그 밖에 법령에 따라 그 권한에 속하는 사항

② 지방자치단체는 제1항의 사항외에 조례로 정하는 바에 따라 지방의회에서 의결되어야 할 사항을 따로 정할 수 있다.

지방자치법 제40조(서류제출요구)

① 본회의나 위원회는 그 의결로 안건의 심의와 직접 관련된 서류의 제출을 해당 지방자치단체의 장에게 요구할 수 있다.
② 위원회가 제1항의 요구를 할 때에는 의장에게 이를 보고하여야 한다.
③ 제1항에도 불구하고 폐회 중에 의원으로부터 서류제출요구가 있을 때에는 의장은 이를 요구할 수 있다.
④ 제1항에 따른 서류제출은 서면, 전자문서 또는 컴퓨터의 자기테이프 · 자기디스크, 그 밖에 이와 유사한 매체에 기록된 상태나 전산망에 입력된 상태로 제출할 것을 요구할 수 있다.

지방자치법 제41조(행정사무 감사권 및 조사권)

① 지방의회는 매년 1회 그 지방자치단체의 사무에 대하여 시 · 도에서는 14일의 범위에서, 시 · 군 및 자치구에서는 9일의 범위에서 감사를 실시하고, 지방자치단체의 사무 중 특정 사안에 관하여 본회의 의결로 본회의나 위원회에서 조사하게 할 수 있다.
② 제1항의 조사를 발의할 때에는 이유를 밝힌 서면으로 하여야 하며, 재적의원 3분의 1 이상의 연서가 있어야 한다.
③ 지방자치단체 및 그 장이 위임받아 처리하는 국가사무와 시 · 도의 사무에 대하여 국회와 시 · 도의회가 직접 감사하기로 한 사무 외에는 그 감사를 각각 해당 시 · 도의회와 시 · 군 및 자치구의회가 할 수 있다. 이 경우 국회와 시 · 도의회는 그 감사결과에 대하여 그 지방의회에 필요한 자료를 요구할 수 있다.
④ 제1항의 감사 또는 조사와 제3항의 감사를 위하여 필요하면 현지확인을 하거나 서류제출을 요구할 수 있으며, 지방자치단체의 장 또는 관계 공무원이나 그 사무에 관계되는 자를 출석하게 하여 증인으로서 선서한 후 증언하게 하거나 참고인으로서 의견을 진술하도록 요구할 수 있다.

⑤ 제4항에 따른 증언에서 거짓증언을 한 자는 고발할 수 있으며, 제4항에 따라 서류제출을 요구받은 자가 정당한 사유 없이 서류를 정하여진 기한까지 제출하지 아니한 경우, 같은 항에 따라 출석요구를 받은 증인이 정당한 사유 없이 출석하지 아니하거나 선서 또는 증언을 거부한 경우에는 500만원 이하의 과태료를 부과할 수 있다.
⑥ 제5항에 따른 과태료 부과절차는 제27조를 따른다.
⑦ 제1항의 감사 또는 조사와 제3항의 감사를 위하여 필요한 사항은 「국정감사 및 조사에 관한 법률」에 준하여 대통령령으로 정하고, 제4항과 제5항의 선서 · 증언 · 감정 등에 관한 절차는 「국회에서의 증언 · 감정 등에 관한 법률」에 준하여 대통령령으로 정한다.

사실 많은 사람들이 지방의원을 하려는 것은 위와 같이 법으로 정해진 권한이 있기 때문일 것이다. 선거에 출마 후 당선이 되어 주민의 대표가 된다면 법이 부여한 이러한 권한 행사를 통하여 집행부를 견제하고 감시하여 구정을 발전시키고 주민의 복리증진에 기여하게 되는 것이다.

법으로 보장된 이러한 권한이 없다면 무엇하러 지방의원이 되고자 하겠는가?

지방자치법 제39조, 제40조, 제41조 규정외에도 지방의원에게는 여러 가지 권한이 부여되어 있다. 발의권, 의회소집 요구권, 질의 · 질문권, 청원의 소개권 등에 대해서도 살펴보자.

의안발의권 – 철저한 준비가 있어야 한다

의안 발의권은 지방의원에게 주어진 중요한 권한과 역할이기에 철저

한 조사, 비교분석 평가 후 발의하여야 한다. 잘못된 의안 발의는 자신에게 부메랑이 되어 다시 돌아올 수가 있다.

의안 발의권은 소신있는 주장이다. 제대로 행사하기 위해서는 지역주민들의 불편 사항과 꼭 필요한 사안을 조사하고 의견을 수렴함은 물론 관련 사례분석, 외부전문가 의견, 연구용역까지도 연결시킬 수 있어야 한다.

이를 토대로 법률 저촉여부, 소요예산, 시행 후 성과는 물론 당초 지역주민들의 요구대로 개선됐는지 피드백하여 결과물을 정리해야 훌륭한 의안발의로 평가될 수 있다.

의안 발의권은 지방의원 개인이 행사하는 권리라 하더라도 일정 수 이상 다른 의원의 찬성이 뒤따라야 발언할 수 있다. 요즘 등장한 협치의 기본이라고 할 수 있다.

임시회 및 위원회 소집요구권 – 의회의 문은 열려 있다

중대한 현안이 발생했을 때 소집요구권이 작동된다. 정기회 회기 내 해결하지 못한 입법이나 조례안 등에 대해 임시회 등을 열 수 있다.

이는 지방의회 운영권을 가진 의장의 고유 권한 중 하나이다. 지방의원은 지방의회 구성원으로서 임시회와 위원회의 소집을 요구할 수 있다. 소집요구권은 지방자치법 제45조 '지방의회 의장은 단체의 장이나 재적의원 3분의 1 이상의 의원이 요구하면 15일 이내에 임시회를 소집해야 한다'라고 규정하고 있다.

소속 의원들은 출석에 임해야 하고 임시회 및 위원회 현안에 대해 적극적인 자세로 문제를 해결하는 태도가 뒷받침 되어야 한다. 소집요구권은 그 본질이 왜곡되어서는 안되며, 회의 출석은 의원이 제 역할을 하는데 필수적이며 지역주민들과 최소한의 약속이 된다.

표결권 – 소신과 원칙을 지킨다

지방의원은 정기회 및 임시회, 상임위원회 등 각종 회의에 참석해 의결에 부쳐진 사항에 관해 표결할 수 있는 권리를 갖는다.

이견이 있는 경우 찬 · 반 토론과 의사진행발언을 통해 정당성과 의회의 질서에 위배되지 않는 한 결정참여권을 가지고 의정에 참여할 수 있다. 표결권은 곧 지방의원의 상징성과 더불어 지방의회의 존재가치를 끌어올리는 중요한 의사 수단이 된다.

표결권은 의사결정 참여의 과정으로 매우 중대한 권리임에도 각 정당 소속 의원 간의 다툼으로 쟁점 사안에 불리할 경우 표결권을 행사하여 악의적으로 방해하는 경우도 종종 발생한다.

임시회와 위원회 등에서 결의된 사안이 최종 상정되면 의원은 그에 따라 찬반 투표 등의 방법으로 자신의 결정참여권을 행사한다.

질문 · 질의권 · 토론권 – "여기 질문 있습니다"

의회에서 침묵은 금이 아니다. 침묵은 동조와 방관의 소지가 될 수 있다. 회기 내 필요에 따라 일반 질문은 미리 요지와 소요시간을 기재한 요지서를 의장에게 제출한 후 허가를 받아서 질문을 할 수 있다.

지방의원은 회의 의제로 상정된 의안에 대해 형식을 갖춘 질문은 자유롭게 할 수 있다. 이런 질문권과 질의권을 악용하는 경우도 있다. 이런 행태가 악용될 경우 예산과 시간을 낭비하고 불필요한 소모전으로 의회나 집행부에 역으로 심각한 피해를 줄 수 있다.

타협점을 찾는 토론정치가 모범의회다. 의회 공간에서 어떤 정당과 상관없이 의원들 간의 끊임없는 소통과 의사 전달이 이루어져야 한다.

대부분 불통은 한쪽 방향의 토론진행 때문에 발생하는 경우가 많다. 조례 제정, 상급 기관 건의사항 등에 대해서 의원들 의견이 서로 다른

경우에는 사전에 대화와 소통을 통하여 합리적인 접점을 이끌어 내야 한다.

다만 지역별 지방의회 특성에 따라 질문권이나 토론권의 행사방법과 절차에 관해서는 다소 다를 수 있다. 일반화된 지방의회 회의 규칙이 있기는 하지만 각 지방자치단체에 따라 전달하는 방식은 차이가 있다.

청원의 소개권 – 염불보다 잿밥에 관심?

치명적인 유혹도 도사리고 있다. 바로 염불보다는 잿밥에 관심이 있을 수도 있는 권리인 청원의 소개권이다.

국민의 청원권은 현재 각국 헌법에서 국민의 권리로서 대부분 보장받고 있고 우리 헌법에서는 제26조에서 이를 규정하고 있다. 청원서의 내용은 청원법에서 청원사항으로 상세히 밝히고 있다. 지방자치법 제73조는 '지방의회에 청원을 하려는 자는 지방의원의 소개를 받아 청원서를 제출해야 한다'고 명시되어 있다. 청원의 소개권을 남발하거나 사익을 위한 목적으로 이용하는 경우 혈세 낭비가 우려될 수 있음에 유념해야 한다.

그 외의 권한

지방자치법 제33조를 토대로 의정활동비, 공무여행 여비, 월정수당을 청구할 수 있다. 지방자치법 제34조에는 지방의원이 회기 중 직무로 인해 신체에 상해를 당하거나 그 상해나 직무로 인한 질병으로 사망한 경우에는 국가로부터 적절한 보상금을 지급받을 수 있다. 그 외에 지방의원은 발언권, 의원자격심사 청구권, 의원 징계요구권, 회의개최 요구권, 의장 · 부의장 불신임 발의권 등의 권한도 가지고 있다.

▲ 이영철 의장 현장톡톡 TIP

지방의원의 권한은 지방의회 의결, 서류제출 요구, 행정사무감사와 조사 등 세가지로 크게 구분된다.
이렇듯 법으로 주어진 권한 행사를 통해 주민복리증진과 지역 발전을 도모하게 되고 주민과 지방의원의 자아(自我)도 함께 성숙하게 된다.
이 권한 행사를 잘하는 사람이 바로 1등 지방의원이다.

– 지방자치 아카데미 강의 내용 중 –

제2편

영원불멸의 원칙 목민관 정신

“지방의원은 자신의 지위를 이용 혹은 남용해 지방자치단체 · 공공단체 혹은 기업체와의 계약이나 그 처분에 의해 재산상의 이익 또는 직위를 취득하거나 타인을 위해 그 취득을 알선해서는 안된다. 직권남용의 경계선에서 외줄타기 행위는 뽑아준 지역주민에 대한 배신이다.”

1
지방의원의 지위와 역할

지방의회는 주민의 직접선거로 선출된 의원으로 구성된 주민의 대표기관이다. 의원은 특정 주민의 의사에 기속되지 않고 자신의 양심과 소신에 따라 전체 주민의 의사를 대표한다. 의원이 언행을 신중하게 하고 항상 주민편에 서야 하는 이유다.

기초와 광역으로 분류된 우리나라의 지방의회 제도는 지나온 과정과 세월을 살펴보면 가히 상전벽해라고 할 수 있다.

학식이 풍부하다고 해서 참되고 부지런한 일꾼(의정활동)으로 사심없이 잘 할 수 있다고는 보지 않는다. 이와 반대되는 경우가 많았기 때문이다.

실례로 인구 10만 명을 밑도는 도농사회는 말할 것도 없이 조금만 벗어난 중소도시와 대도시로 갈수록 정당이 추천해서 능력이 있는 줄 알고 뽑았는데 아닌 경우가 많았다. 끊임없이 여론선상에 올라 의정활동이 얼룩지거나 치명적으로 배지를 떼어야 하는 경우가 많다.

이를 극복하기 위해서는 지방의원의 역량강화가 필수적이다. 설령 부족하고 몰랐던 부분에 대해서도 배우려는 자세가 더욱 중요하다. 이러한 다짐이 성숙된 지방자치행정이라는 밝은 미래를 안겨주는데 기여할 수 있다. 그리고 권위적인 자세, 자신의 위치를 망각한 불행한 일들을 사전에 차단하기 위해서는 좀 더 각별하게 품위를 지켜야 한다.

헌법이 정한 지방자치 취지에 맞는 의회의 지위와 역할을 수행하기 위해 어떻게 제도와 절차를 수정 보완해 활성화시킬 수 있을지를 지방

의회 차원에서 구성원 모두가 함께 끊임없이 연구하고 협력해야 할 필요성이 있다.

2013년에 지방의원에게 의정보좌관 제도를 도입하자는 합리적 개선 요구가 있었다. 이는 전문위원제도, 정책보좌인력 등 의정지원체제 개편 필요성을 좀 더 깊이 생각해 보자는 취지였다.

그러나 여론동향과 감시체재의 부재라는 문제점이 제기되어 실제 도입되지 못하였다. 결국 지방의원이 직접 조례안, 예산 및 결산, 청원 등 방대하고 복잡한 수많은 안건을 처리할 수밖에 없게 되었다.

한편으로는 지방의회가 주민 행복과 지역 발전이라는 궁극적 초점을 잃은 채 다수당과 소수당의 힘겨루기가 만연하기도 했다. 여기서 그치지 않고 상대방에 대한 인신공격을 서슴지 않았으며 부정부패 비리들도 있어 왔다.

지방의원이 권력을 발판으로 삼기 위해서 주민들의 꿈과 희망을 뒤로한 채 지지를 저버려서는 결코 안되는 것이다.

지방의원은 직업군으로 분류하면 선출직 공무원이다. 공무원 윤리강령을 지방의원에게도 적용하는 이유다.

선출직은 주민 의견을 겸손하고 겸허하게 청취하고 자기와 의견이 다를 때는 끝까지 상대방을 설득할 수 있는 토론문화를 가꿔 나가야 지역의 리더십도 발휘할 수 있다.

주민들의 희망은 당리당략과 사익만 앞세우는 지방정치가 아니다. 지역현안들을 대화를 통해 합리적인 대안을 모색하고 이를 반영해 가는 것이다. 의회를 통해 공론화하고 해결하기 위해 지방의원이 존재한다는 점을 망각하지 말아야 한다.

2
품격있는 지방의원의 의무

지방의회와 의원의 권리와 함께 의무는 지방자치 발전과 지방의회에 기틀이 되므로 상세하게 살펴볼 필요가 있다.

의무에 대해 언급하는 것은 아무리 언급해도 부족함이 없다. 의무는 지방의원의 자세와 직접적인 관련이 있다. 그 양심을 지방의원 스스로에게 맡기는 것은 지역주민들과 약속을 잘 지켜줄 것이라는 믿음을 바탕으로 하지만 법으로도 그 한계를 명확하게 긋고 있다.

지방의원은 공익을 해치는 외부의 압력에 굴복해서는 안되는 가장 중요한 직종이다. 모범적으로 자신이 속한 지방의회는 물론 지방자치단체를 견제하고 감시하는데 앞장서야 할 지방의원이 공공의 이익을 뒷전으로 미룬다면 결과는 불 보듯 뻔할 것이다.

청렴의 의무는 입버릇처럼 의정활동 내내 철두철미하게 좌우명으로 삼아도 부족함이 없다.

거의 모든 비리의 출발점이 이러한 청렴의 의무를 등한시 하기 때문이다. 청렴의 의무를 저버리는 것은 바로 권리만을 추구하며 자신의 위치를 망각하는데서 기인한다.

청렴과 함께 요구되는 것 중 하나는 품위유지 의무다. 자칫 품위와 품격 유지가 지나쳐 권력으로 변질되는 경우도 많다. 그래서 지방의원의 신분에 합당한 품격과 위신을 유지해야 한다는 취지를 법에서도 규정하고 있다.

청렴과 품위는 하나의 축으로 생각해야 한다. 사실 지방의원으로서 당당하고 깨끗한 명예를 남기는 것은 결코 쉬운 것은 아닐 수 있다. 자신이 왜 지방의원의 배지를 달고 있는지 잊지 말아야 한다. 지방의원이 되고자 했을 당시 초심이 퇴색되지 않아야 비로소 권한을 부여받은 진정한 멋진 지방의원의 자격이 주어지는 것이다. 품격은 스스로 약속을 지킴으로써 비로소 이룩할 수 있다.

지방의원에게 주어지는 법적 권한을 넘어서서 악용하면 직권남용이 된다. 이와 비슷한 월권행위도 마찬가지다. 지방자치법 제35조 제1항은 '지방의원은 다음 각 호의 어느 하나에 해당하는 직을 겸할 수 없다'라고 정의되어 있다. 또 지방의원은 해당 지방자치단체 및 공공단체와 영리를 목적으로 하는 거래를 할 수 없으며, 겸업도 금지하고 있다. 의정활동을 바르게 흔들림 없이 수행하기 위하여 겸직과 겸업 금지 의무는 당연한 법 규정이다. 청렴의 의무를 지키기 위함에서다.

또 하나의 대표적인 사례는 당리당략에 따라 의사진행 관련 권한을 남용하는 사례다. 타 의원의 인격을 침해하는 경우가 심심치 않게 일어나고 있다. 지방의원들은 모두가 같은 동료이다. 의사진행은 상대 의원에 대한 존경의 표시로 예를 기본으로 갖춰야 한다.

상대를 깎아 내리면서까지 규정에 어긋난 의사진행으로 의회의 질서를 어지럽혀서는 안된다. 자질 문제로까지 번질 수 있고 본인에게 치명적일 수 있다. 지방의원은 지방자치법과 회의 규칙에 따라 규율을 지키고 질서를 유지할 의무에 최선의 노력을 다해야 한다.

특히 윤리적 · 도덕적 의무는 마땅히 지녀야 한다. 자세, 행동, 가치관, 소신있는 의정활동에 대한 모범적인 철학을 갖춰야 함은 당연한 것이다.

또 하나 어색한 경우도 있다. 의정활동에 회의 출석 개근을 했다는 것을 자랑하는 지방의원들도 더러 있다.

참석도 중요하지만 의정활동의 질적인 요소가 더 중시 되어야 한다. 100% 출석 개근임에도 지방의원 본인이 발의한 안건이 하나도 없다면 이는 어불성설이기 때문이다.

지난 의정활동 경험상 지방의원의 가장 큰 의무는 바로 공부이다. 의원실 불이 꺼지지 않아야 한다. 이는 집행기관을 긴장하게 하고 정도를 지키는 척도다. 꾸준하고 지속적으로 공부에 공부를 거듭하다 보면 전문지식을 쌓게 되고 백전백승을 할 수 있다. 우리나라보다 월등하게 앞선 선진국 지방의회의 시스템을 살펴봐야 하고 우리가 부족한 부분을 찾아 보완하려는 노력과 마음가짐이 필요하다. 사회의 발전에 따라 생활관계도 복잡해지고 수 많은 이해관계를 동반하게 된다. 주민의 가려운 곳을 찾아내고 해결책을 제시할 수 있으려면 틈이 나는대로 관련 자료를 조사하고 공부해야 한다. 4년은 그래서 짧다.

지역주민과 밀접한 교감도 매우 중요하다. 다양한 의견청취는 필수적이다.

지방자치단체의 무궁한 발전과 성공의 주역은 해당 공무원과 함께 어깨를 나란히 하는 지방의원들이다. 이렇게 하려면 전문성 확보가 선결조건이자 무기이다. 더욱이 지방의원의 급여도 현실화되어 가고 있으니 학식과 경륜을 가진 유능한 인재가 의회에 입성할 수 있도록 제도적 보완이 필요하다. 지방의원 스스로의 부단한 노력이 있어야 주민은 물론 공무원에게도 인정받을 수 있다.

▲ 이영철 의장 현장톡톡 TIP

세금인 의정활동비만 챙겨서는 안된다. 밥값 하는 의원이라는 말을 들어야 한다. 제대로 하기 위해서는 꾸준하게 전문지식을 쌓아야 하고 전문가에게 부끄럼 없이 사례와 경험을 습득해야 한다.

3 목민관(牧民官)의 기본 도덕성

공직자에게는 불멸의 원칙인 롤 모델이 하나 있다. 바로 다산(茶山) 정약용 선생이다. 정약용 선생의 저서 '목민심서'에서는 목민관이 갖추어야 할 덕목으로 유혹의 길을 뿌리치는 도덕성을 가장 기본이자 근본으로 삼도록 했다.

행정안전부가 몇 년전에 발표한 부끄러운 분석 자료를 보면 지방의회의 경우 민선 1기부터 5기까지 2만 2,600여명의 지방의원 가운데 5%에 해당하는 1,025명이 사법 처리를 받았다고 밝히고 있다. 국민들이 뽑아준 지방의원의 자리에서 불법을 행한 점은 결코 용납될 수 없을뿐더러 직위에 따른 권한과 의무를 저버린 범죄다. 공직자들에게 뇌물은 '자신의 모든 것을 무너뜨리는 독약'이라는 점을 늘 가슴에 새겨야 한다.

청탁의 대가성 사례를 보면 '문제가 있지만 모른 체 눈 감아 달라', '보상금을 더 받게 해 달라', '지방자치단체 관계자로부터 승진하는데 힘 써 달라' 등 각양각색의 유형들이 쏟아지고 있다.

지방의원은 배지를 달고 있다는 것만으로 자신이 마치 대통령처럼 국무총리나 장관처럼 스스로가 무슨 대단한 권한과 권력이 있다고 착각하기 쉽다. 항상 '지역주민'을 중심에 놓고 생각하고 행동해야 한다. 공직자의 자세는 사심 없이 지역발전과 주민들의 삶의 질 향상을 위해 힘써야 존경받는 청렴한 공인이 될 수 있다.

많은 돈을 벌고 싶으면 지방의원직이 아닌 사업이나 다른 직업을 선택해야 한다.

지방의원이 갖추어야 할 가장 큰 덕목을 청렴이라고 주문한 이유도 여기에 있다. 지방의원의 본연의 임무는 도덕성을 갖추고 '주민 생활에 밀착하여 성실하고 사심없는 의정활동'이 우선되어야 하며 그래야 인정받을 수 있다.

4
불 꺼지지 않는 의원실

지방의원은 혼자 일하기 때문에 자칫 게으름 피울 수 있다. 경험상 대부분의 지방의원들이 자존심이나 체면 때문에 몰라도 아는 척 하는 경우가 많았다. 모른다고 창피해야 할 이유는 없다. 모르는 것이 죄는 아니다. 모르면서도 아는체 하는게 더 큰 죄다. 정치는 혼자서는 할 수 없다. 지식도 함께 나누어야 큰 문제를 해결할 수 있는 힘을 가지게 된다. 모르면 묻고 배워라. 성인도 불치하문(聖人 不恥下問)이라 했지 않는가.

지방의원은 의정활동을 하면 할수록 존재감이 없어진다. 지방의원은 전문보좌관, 비서관의 몫까지 1인 3역을 해야 한다. 그래서 2~3배로 힘이 든다.

강조하고 싶다. 지방의원들이 상대할 공무원들은 자기 분야에 베테랑들이다. 공무원들을 견제하고 감시하기 위해서는 쉼 없는 연구 활동을 통해 그들보다 우위에 서야 한다. 그러려면 공부할 수 밖에 없다. 의원연구실에 불이 꺼져 있다면 공부 안한다는 증거다.

지방의원의 덕목과 품행은 큰 소리 대신 대안과 논리를 정연하게 제시할 줄 알아야 한다. 공부하지 않고 어떻게 대안을 제시 할수 있나.

또 하나, 지방자치단체장을 비롯하여 공직자를 감시 · 견제하는 지방의원으로서 목민관 노릇을 잘 하려는 사람은 자애(慈愛)를 갖추어야 한다. 자애롭다는 것은 청렴하다는 뜻이다. 청렴한 이는 반드시 검약해야 한다.

5
주민의 영원한 심부름꾼

“임기 4년 동안 여러 컬레의 구두가 떨어질 정도로 돌아다녀야 한다”고 말하는 선배의원들이 많다. 부지런해야 한다는 이야기다. 지방의원은 무슨 대단한 직위를 가진 자가 아니다. 지역 마당발이자 생활밀착형 정치가다.

매일같이 지역을 순회해도 부족한 시간이다. 주민들과 곁에서 희노애락을 함께 해야 맞다. 내 지역도 모르면서 회전의자에 앉아 전화로만 연락을 취하는 것은 문제가 있다.

지역주민들과의 교감을 갖기 위해 시간을 잘 조절하고 안배를 해야 한다. 가식적이지 않으며 순수한 봉사정신이 없다면, 처음부터 지방의원이 되겠다고 나서지를 말아야 한다. 자칫 유능한 사람이 지역을 위해 봉사하겠다고 선거에 나온 것을 방해한다면 지역발전을 한참 후퇴하게 만들 수 있다는 생각을 잊지 말아야 한다.

지방의원은 주민과 함께 하고 교감하다 보면 많은 민원을 접하게 된다. 민원해결시 중요한 포인트는 지방의원의 마음자세다. 민원이 있을 때 반드시 가정이나 현장을 방문하면 민원의 50%는 해결된다.

민원 내용을 경청해 주는 것 만으로도 20%는 또 해결된다. 나머지 30%는 지방의원의 성실한 실천의지에 달렸다.

민원해결은 주민대표로서의 당연한 역할이기도 하다. 집단민원 처리를 하는데 가장 중요하게 판단해야 할 코드는 주민들의 통합을 위해서 얼마만큼 노력하느냐에 달려 있다.

주민들이 신뢰와 사랑으로 통합되지 않으면 지방자치 발전은 사실상 어렵다. 그렇지 못한 지역에서는 늘 극심한 갈등과 대립으로 적대적 관계만 높아져 발전의 기회를 놓치는 경우가 많다.

지방의원이 자신의 지역에 대하여 통합의 스킨십과 리더십을 가져야 하는 이유다.

▲ 이영철 의장 현장톡톡 TIP

지방의원으로 당선된 후 의원의 본분을 망각하는 사람들이 있다. 의원이라는 달콤한 권력에 취하지 말라. 항상 지역주민과 지역발전을 위해 무엇을 할 것인가를 연구하고 행동하라.

6
지방의원의 역량이 그 지방의회의 수준이다

지방의원의 역량강화는 학습이다. 지방의원 스스로의 부단한 공부와 철저한 준비 없이는 역량강화는 어렵다. 지방의원에게 주어지는 업무가 다양하고 많기 때문이다.

지방의원은 만능 해결사이길 원한다?

주민은 지방의원이면 뭐든지 다 들어주고 해결해 주는 만능 슈퍼맨으로 생각한다. 그래서 역량을 키워야 하는 것이다.

지방의원의 역량은 어디서 오는가? 어떻게 하면 역량을 키울 수 있을까?

지방의회 소속 지방의원의 역량 강화는 업무 수행능력 배양과 자기개발이다. 올바른 사고방식과 정의차원에서 보는 시각과 행동이 뒤따라야 한다. 의정활동에 필요한 발의권을 비롯해 발언권, 표결권, 선거권, 청원소개권, 자료요구권 등 권한 행사는 의정활동 성적표를 매기는 잣대임이 틀림없다. 지방의원의 역량이 그대로 드러나는 권리이자 책무를 살펴보자.

앞에서 언급한 바 있지만 지방의원의 역량강화 차원에서 의원이 행사하는 권한에 대해 몇 가지를 더 살펴보자.

의안발의권

의안발의권은 지방의원이 의회에서 의결대상이 되는 의안을 발의할 수 있는 권한이다.

의정활동은 지방의회의 성실한 출석과 더불어 회기를 함께 하는 동료의원과의 관계도 무척 중요하다. 따라서 평소에 동료의원들과 원만한 관계 유지는 절대적으로 필요하다.

관료적인 의원, 집행부와 긴밀한 관계의 동료의원, 혹은 공부하지 않는 의원은 그만큼 동료의원과의 사이가 좋을 일이 없다. 회기 내내 조례안 등을 비롯해 단 한 건의 의안도 발의하지 못했다면 이는 본연의 책무를 다하지 못한 것이다.

발언권

지방의회 발전의 근간이 되는 것은 말과 행동의 일치다. 올바른 사고는 투명하고 또렷한 발언권으로 이어질 수 있다.

회기 내 의정활동 평가의 잣대는 발언의 질과 양이다. 문제점을 지적하고 대안을 제시하며 집행기관에게 이를 관철시키는 과정으로 이어졌다면 지방의원의 본분을 다한 것이다.

주의할 점도 있다. 자신이 한 발언에 대해 책임도 따른다. 지방의원이 특정 사안에 대한 발언은 민사상 책임을 져야 하는 경우도 있다.

표결권

말 그대로 지방의원은 회기 중 올라온 모든 심의 안건에 대해서 직접적으로 찬성이나 반대 또는 기권 의사 표시를 분명하게 할 수 있다.

여기서 중요한 점이 하나 있다. 발의를 한 후 안건을 표결에 부칠 경우 지방의원은 기본적인 예의를 갖추어야 한다. 만약 처음에 반대의사

를 표시할 경우 찬반토론 후 표결에서도 반대의사를 표시해야 한다. 일관성 없는 주장을 펴며 오락가락하는 표결 참여는 의회의 기본 질서를 깨뜨리는 행위다. 표결권을 잘못 행사하여 벌어지는 모든 책임은 찬반에 동의한 의원이 함께 질 수 밖에 없다.

선거권 및 피선거권

의회가 구성된 이후 4년 동안 2년씩을 나눠 상하반기에 새로운 의장단이 꾸려진다. 꼭 2년씩만 하는 것이 최상일까?

지방의회 역시 운영의 룰은 국회법을 기본으로 따르고 있다. 의장단, 상임위원회 대표를 선출하는데 있어 무기명 비밀의 원칙을 통한 교황식 선출방법이 전국 지방의회가 회의규칙으로 정하여 통일된 방식을 취하고 있으나, 근간에는 몇 몇 지방의회에서 공개경선의 방법을 취하는 곳도 있다.

청원(소개)권

간단하게 넘기기 힘든 것도 청원권이다. 청원권은 지역 주민이 행정기관에 청원할 수 있는 권리다. 지방의원은 청원의 취지에 찬성하는 경우에 청원의 소개 의원이 될 수 있다.

청원권 남발이 우려될 수도 있다. 청원권은 제대로 대변하지 않는 주민 의사나 요구를 직접 전달하고 집행기관으로부터 공식 입장을 받아볼 수 있는 권리다.

청원권은 대의제 민주주의가 놓칠 수 있는 구체적인 정치적 · 정책적 사안에 대해 시민 개개인이 직접 자신의 목소리로 국정에 참여할 수 있는 기회를 마련한다.

각종 요구권

자료요구권은 지방의원의 위치를 반영하는 특권이다. 지방행정에서 일어난 현안들을 꼼꼼하게 들여다 보고 살필 수 있도록 권한이 부여되는 것이 각종 요구권이다.

앞서 자격심사 요구권과 같은 맥락으로 지방의회 내에서 의원의 징계요구권(지방자치법 제87조)도 있다. 또한 지방자치단체장 또는 관계공무원의 출석 답변요구권(제41조, 42조)도 중요한 카드다. 서류제출 요구권(제40조), 서면질문(회의규칙) 등의 권한도 가진다.

연장선상에서 서면질문도 지방의원에게 큰 권한으로 분류된다. 다만 서류제출 요구권과 서면질문을 제외한 대부분의 자료요구권 및 출석요구권은 의회 일정 수 이상의 의원의 동의가 있어야 권리를 행사할 수 있다. 자료요구는 본회의나 상임위원회 의결로 요구할 수 있고 폐회시에는 의장을 통하여 자료요구를 할 수 있다.

각종 요구권 중 권한의 남용을 막기 위한 안전장치도 있다. 지방의원의 징계요구권과 지방자치단체장 또는 관계공무원의 출석 및 답변요구권, 서류제출 요구권은 본의회 · 상임위원회의 의결을 거쳐야 비로소 그 효력이 발생된다. 또한 폐회 중에는 의장을 통하여 서류제출을 요구할 수 있다.(출처: 2010년 광진구의회 세미나. 김용석 서울시의원 강의교재)

▲ 이영철 의장 현장톡톡 TIP

지방의회는 조례를 제정할 수 있는 입법기관이며 집행부를 견제하고 감시하는 기관이다. 주민을 대표하는 대의기관이라는 기능과 역할을 성실히 수행하는 의회가 될수 있도록 의정활동에 최선을 다해야 한다.

7
지방의원 점수 매기기

공부하지 않는 의원

공부 하나도 안하고 회의에 들어오는 지방의원들이 더러 있다.

특히 예산심의는 자치단체 살림살이를 위한 예산과 결산, 재정현황, 수입과 지출을 명확하게 파악해서 사업의 필요성, 효율성 등을 판단할 수 있는 분별력을 갖추려면 많은 공부가 필요하다.

기초 지방자치단체 중 1년 예산이 1조원이 넘는 곳도 있지만 최소 3,000억원은 거뜬히 넘는다. 이렇듯 어마어마한 예산을 단기간에 머릿속에 채워 넣기란 결코 쉽지 않다. 의원이 사전에 자료수집, 현황 파악 등 철저한 준비를 하지 않으면 몸만 왔다갔다 하는 의원이 되는 것이다.

모든 정책과 사업은 예산으로 확정되기 때문에 예산심의는 의회에서 가장 중요한 권한이다. 이토록 중요한 권한은 단면적으로 비춰질 땐 예산의 삭감과 증액으로 나타난다. 예산편성권자가 지방자치단체장이기 때문에 그 편성의 문제점을 지적하고 이에 따라 예산을 삭감하고 증액을 요청하는 것이다.

이를 알기 위해서는 본인이 먼저 사전에 자료를 검토하고 담당 공무원을 불러 묻고 또 물어서 예산심의와 결산 등을 제대로 할 수 있게 준비를 해야 한다. 공부를 하지 않으면 준비도 제대로 할 수 없는 법이다. 공부 안하는 의원을 집행부 공무원들은 귀신같이 알아본다. 공부해야 공무원으로부터 대접 받는다.

큰 목소리로 군기만 잡는 의원

잘 알지도 못하면서 군대식으로 관련 공무원들을 군기만 잡는 지방의원들이 더러 있었다. 이래서는 안된다. 목소리로 의원하는게 아니다.

행정사무감사를 앞두고는 집행기관 행정업무 전반에 대한 실태를 파악해 잘못된 점을 시정 건의하기 위하여 의안 또는 예산심사에 필요한 자료 및 정보를 수집해 철저히 준비해야 한다.

말 그대로 행정전반에 대한 실태를 파악해서 잘못된 점을 지적하고 대안을 제시하려면 이에 대한 충분한 업무파악은 물론 다양한 사례를 연구 검토해서 건설적인 대안까지 제시해야 함은 물론이다. 지방자치의 양 수레바퀴인 의회와 집행부가 상생하는 모습을 보여 주어야 한다.

의원들이 대안 없는 비판과 비난, 큰 목소리로 장내를 소란스럽게 하여 분위기를 저해하는 행위는 이제 지양해야 한다.

집행부 역시 안일한 자세로 틀에 박힌 답변과 복지부동의 자세로 일관해서는 더더욱 안 될 것이다.

사업가 행세하는 의원

선출직 지방의원이 사업체를 경영하며 의정 활동을 하는 경우도 있다. 이렇게 되면 무슨 문제가 생길까.

자신이 경영하는 사업을 위해 집행부에 우회로 압력을 넣거나 행정사무감사 등 지방의원의 권한을 남용할 소지가 있다. 그리고 담당공무원에게 청탁을 하고 이를 들어주는 조건으로 집행부와 모종의 거래를 제시하는 악순환으로 이어질 수 있다.

훗날 문제가 발생하면 여기에 대한 책임은 서로 회피할 것이 자명하고 이는 주민들에게 고스란히 손해로 돌아온다. 그로 인해 공무원만 난처해지는 경우도 많다. 결국 세금이 엉뚱하게 새어나가게 된다. 지방의원이 사업가이다 보니 행정목적의 달성보다 기업이윤 추구가 우선시되는 주객전도의 상황이 연출될 수도 있다.

사업가가 지방의원이 되지 말라는 법은 없다. 그러나 지방의원이 되었다면 공인의 입장에서 청렴과 양심의 의무를 지켜야 한다는 것이다. 지방의원의 지위를 자신의 영리추구를 위한 도구로 사용한다면 주민들로부터 반드시 심판을 받게 된다. 주민소환제도가 아직은 활성화되지 못하고 있지만 유권자들은 항상 지방의원들을 매의 눈으로 지켜보고 있음을 명심해야 한다.

대안 제시하는 의원

의정활동은 연중 지속되어야 하고 연속성이 있어야 한다.

업무보고, 행정사무 감사, 예산안 심사가 연속선 상에 놓여 있기 때문에 매번 나름대로의 연관성을 가지고 일정한 목표를 향해 꾸준하게 추진해야 성과물을 얻을 수 있다.

대안을 제시하는 의원이 되려면 거시적인 안목으로 행정 전체를 볼 줄 알아야 한다. 지엽적인 문제에 매달리면 대안을 제시하기 어렵다.

강서구의 경우 미래지향적인 지역경제 활성화 차원의 의료관광특구 조성을 추진하고 있으며 어느 정도 성과를 내고 있는데 해당 지방의원의 관심과 협조는 당연하다. 집행부와 사업자가 알아서 하겠지 하는 생각은 금물이다.

평소 주민들의 이해와 요구를 수렴해서 집행부가 고민할 수 있도록 끊임없이 설득하는 자세가 필요하다. 타 지방자치단체에서 우수사례들을 확보하고 빠르게 전개되는 사회에 발맞춰 주민 요구에 부응해야 한다.

지방의원이 발로 뛰는데 집행기관이 고민 없이 뒷짐 지고 있지는 않기 때문이다. 의원실이 바로 연구실이다.

예를 들면 관내 이면도로 등 곳곳에 여기저기 사설안내 표지판이 거미줄처럼 난립됐다고 하자. 도시미관을 해치는 여러 가지 요소들이 결국 민원을 발생케 하고 예산 소요와 인력을 보강해야 하는 경우가 발생한다. 교통안전에도 심각한 지장을 초래한다면 서울시가 추진하고 있는 도시디자인 가이드라인과 연계해 통합지주를 세우도록 대안을 제시해야 한다.

실례를 들었듯이 사설안내표지판 역시 규격화, 정형화해서 미관을 겸비하여 통일시켜 정비한다면 한층 쾌적한 도시환경을 만들 수 있을 것이다. 이러한 부분이 지방의원이 할 역할이다. 이에 대한 선진국 사례나 타 지방자치단체 사례들을 제시하여 벤치마킹 할 수 있도록 해야 한다. 이렇듯 대안을 탐구 · 제시하는 의원이 진짜 의원이다.(출처: 2010년 광진구의회 세미나. 김용석 서울시의원 강의교재)

▲ 이영철 의장 현장톡톡 TIP

스피치를 잘해서 손해 보는 일은 없다. 그러나 말과 글에는 진솔하고 정직함이 담겨 있어야 한다. 행사나 회의에 참석하기 전에 충분히 고민하고 적절한 말을 찾도록 연습해야 한다. 행사의 성격 등을 사전에 잘 파악해서 상황에 맞게 축사를 하고 각종 회의에 참석하여 발언할 때에는 자신의 평소 소신을 조리있고 강력하게 어필할 수 있도록 늘 공부하고 연구해야 한다.

8
박수 받는 의원과 야유 받는 의원

선출직 공무원 즉 지방의원이 되면 잘못될 수 있는 습성 중 하나가 바로 태도가 달라지는 것이다.

지방의원 배지가 떨어져도 과연 그렇게 할 수 있을까. 처음 당선되었을 때의 마음가짐으로 매사에 임할 때 박수를 받는 것이다.

지방의원이 되면 동네 잔치, 개업식, 애경사, 기공식, 준공식 등 각종 행사에 초청받기도 하고 자신이 속한 정당 행사 등 늘 바쁜 일정이 뒤따른다.

지방의원들에게 행사와 회의참석은 좋은 기회다. 많은 사람들을 한번에 만날 수 있는 훌륭한 자리다. 이를 마다하지 말아야 한다. 이 시간을 잘 활용해서 지역 현안과 주민 숙원사업 진행사항, 구 살림살이인 예산 심사와 집행 상황 등 관심사항을 일목요연하게 설명할 줄 알아야 한다. 여기서 참석자들의 의견수렴은 필수다.

또 현장에 가면 축사와 인사말은 대부분 짧게 마무리를 지어야 한다. 그러나 짧은 시간에 강력한 메시지를 전달해야 하는 고도의 테크닉도 필요하다. 이 역시 사전에 직접 원고를 쓰고 읽어보고 수정하는 연습도 필요하다. 짧으면서도 임팩트한 인사말은 청중을 사로잡는다. 이는 표와 직결된다. 이것이 박수 받는 의원상이다.

행사장에 참석한 주민들은 축하한다, 감사하다 등의 틀에 박힌 겉치레 인사를 들으면 대부분 식상해 한다. 주민들이 진정으로 듣고 싶어

하는 말은 형식적 인사와 자기 자랑이 아니라 얼마나 주민을 위해 일을 했고 진행사항과 앞으로의 계획을 제시하는 의정활동 메시지다.

작은 행사라고 해도 지역주민들과 교감하는 자리에서는 현실을 직시하고 긍정적으로 경청하는 준비된 자세가 필요하다.

또 한 가지 행사장은 늦어도 시작 10분 전에 도착하는 것이 예의다. 먼저 가서 빠짐없이 인사를 나누는 것이 중요하다.

대부분 행사 시간에 맞춰 가서 인사소개를 받고 행사가 끝나면 몇몇 아는 사람들과 인사만 하고 바로 빠져나오는 지방의원들이 많다. 이럴 경우 누가 박수를 치겠는가. 이건 금기다. 서로 알고 모르고를 떠나서 일일이 악수를 나누고 자신을 소개하는 습관이 몸에 배어 있어야 한다.

박수 받는 지방의원이 되고 싶다면 부단한 훈련과 학습, 자기개발을 해야 한다. 지금부터라도 실천해 보자. 마음만 있으면 결코 어렵지 않다.

▲ 이영철 의장 현장톡톡 TIP

지방의회는 주민을 위해서 늘 공부하는 곳이다. 지방의원 역시 어깨 너머 적당히 배우는 것은 유권자들에 대한 죄악이다. 행정을 제대로 공부하고 알아야 주민을 위해 일할 수 있고 공무원들에게도 대접받을 수 있다.

제3편

의정활동 모델 제시 및 전략

"의정활동에 있어 지방의원에게 주어진
자원은 세 가지다.
시간과 인력과 예산이다.
이러한 여건이 안팎으로 충분하지 못한 경우
이를 곧바로 의정활동으로 연결시킬 것이 아니라
중요한 서너개의 사안을 선택해
해결방안을 집중화해야 한다.
그래야 의정활동의 효율성을 기할 수 있다."

1
선택과 집중의 중요성

지방행정은 날로 진화하고 발전하여 다양하고 복잡해지고 있다. 주민의 행정에 대한 욕구 역시 커져만 가고 있어 모두 해결할 수가 없다. 그래서 선택과 집중이 필요하다.

지역에는 어떤 현안들이 있을까. 지방의원이라면 가장 먼저 파악해야 할 부분이다. 이러한 사전조사 없이 회의장에서 무작정 질의 또는 질문부터 하는 것은 벽을 향해 혼자 말하는 것과 같으며, 아무런 답을 얻어낼 수가 없다. 현안 중 가장 시급하게 해결해야 할 사안이 무엇이고 어떤 방법으로 풀어나가는 것이 가장 효과적인가를 판단해야 한다.

지방의원이 가지고 있는 의정활동 수단 중에 어느 것을 활용하고 다음으로 어떤 단계부터 적용할 것인가 등에 대한 전략적 접근이 필요하다.

지역문제를 접근하는데 있어서 중요한 문제의 본질이 무엇인가를 관계 공무원 및 주민, 전문가와 함께 의견교환을 하고 자료 검토과정을 거쳐야 한다. 왜냐하면 문제의 핵심에 따라 접근방식과 수단이 전혀 달라지기 때문이다.

인지한 문제의 본질에 따라 안건화를 시키지 않고 담당공무원과의 협의로 해결할 수도 있다. 바꿔 말하면 이를 해결하기 위한 방법으로 어떤 것을 이용할 것이냐 하는 밑그림을 그리고 집행기관과 협의하는 것이다. 그 수단으로는 앞서 언급했듯이 질의와 답변, 행정사무감사

및 조사, 예결산 심의, 청원 소개, 조례안 발의 등 다양한 방법이 존재한다.

이는 단순한 매뉴얼대로 되는 것도 있지만 선후배 동료의원, 사무국, 기타 유관 조직과 연계해 자신의 것으로 습득하려는 노력과 열정이 뒤따라야 가능하다.

쉽게 말하자면 학생이 학교만 오간다고 해서 공부를 잘하는 것은 아니라는 것이다. 필요하다면 행정사무감사 과정이나 예산안 또는 결산심사 과정에서 계속적으로 이 문제를 제기하고 다각도로 대책을 찾도록 의회와 집행부가 함께 노력해야 한다.

의정활동에 있어 지방의원에게 주어진 자원은 세 가지다. 시간과 인력과 예산이다. 이러한 여건이 안팎으로 충분하지 못한 경우 이를 곧바로 의정활동으로 연결시킬 것이 아니라 중요한 서너개의 사안을 선택해 해결방안을 집중화해야 한다. 그래야 의정활동의 효율성을 기할 수 있다.

선택과 집중은 지역주민들에게 상당한 박수와 지지를 받을 수 있는 대목이다. 감사원 시스템도 같다고 보면 된다. 모든 사안을 감사대상으로 하는 것이 아니라 이슈가 되고 있는 사업을 선정해 집중적인 감사를 하는 것이 일반적이다.

모든 사안에 대해 질의와 질문을 백화점식으로 발언하는 것은 실효성이 없다. 그래서 2~3개 핵심 사안을 선정해 집중적으로 거론하라는 것이다. 이런 전략은 행정사무감사, 예산안 및 결산심사, 조례안 발의 등에도 적용된다.(출처: 2012년 지방의회연수. 의정활동 전략과 기법, 최민수 박사 강의자료)

▲ 이영철 의장 현장톡톡 TIP

발언은 의정활동의 꽃이다. 지방의원만이 본회의장에서 자유롭게 발언할 수 있다. 5분 자유발언을 잘 활용하여 심의 중인 의안과 청원 기타 관심사안에 대하여 본인의 의견을 정확히 전달할 줄 알아야 한다.

2
뿌리를 볼 줄 알아야 큰 줄기가 보인다

의정활동의 대상은 집행기관에서 추진하고 있는 정책과 사업 그리고 지역발전을 위한 전략 개발까지 확대할 수 있다.

지방의원의 의정활동 대부분은 정책과 사업의 집행과정을 분석하고 평가하는 일이다. 행정의 집행과정은 정책과 사업단위로 이뤄지고 있기 때문에 의정활동 역시 이와 맞출 필요가 있다.

사업단위는 큰 부분보다 세부사업으로 접근해야 효과를 볼 수 있다. 정책이나 사업을 분석하고 평가하기에는 작은 단위가 용이할 뿐만 아니라 문제점이나 대안을 구체적으로 제시할 수 있기 때문이다. 의정활동이 구체적이지 못하면 집행부의 답변이나 내용이 모호해져 효과가 그 만큼 낮아지게 된다.

그렇다고 해서 큰 줄기를 간과해서는 안된다. 뿌리 깊은 나무는 바람에 흔들리지 않고 크고 좋은 열매가 많이 열리듯이 기초를 튼튼히 한 후 줄기를 보라는 뜻이다.

그동안의 경험상 큰 줄기부터 접근하는 것보다 뿌리부터 접근하는 것이 본질을 파악하는데 도움이 되었고 차근차근 올라가다 보면 실현이 가능한 정책 제안도 할 수 있었다.

조직도 마찬가지이다. 하위직부터 시작하여 간부로 올라온 사람이 다양한 경험과 노하우가 축적이 돼있기 마련이다.

의정활동 역시 기초를 잘 다져놔야 줄기도 숲도 볼 수 있다.

(출처: 2012년 지방의회연수. 의정활동 전략과 기법, 최민수 박사 강의자료)

3
발언과 질문은 명확하고 구체적으로 하라

집행부는 특성상 자신이 가지고 있는 자료와 정보를 지방의원들에게 잘 제공하려 하지 않는다. 어쩌면 숨기고 싶은 부분도 있을 것이다. 의정활동 요구자료, 구정질문, 행정사무감사 등을 통해 요청해도 원하는 내용과 답변은 얻어내기 힘들다. 애매모호하게 자료를 내고 위기모면식으로 대응한다.

그러나 질의와 질문(발언)이 구체적이고 명확하다면 상황은 달라진다. 답변도 구체적일 수밖에 없다. 문제 핵심을 파악한 정확한 발언 한 마디는 의회의 위상을 제고시킨다.

질의, 질문, 감사 또는 조사 시 지역발전을 위한 과제 및 현안에 대해 논의할 때 현황, 계획, 진행상황, 대책을 단순히 묻기만 하는 것은 의정활동에서 마이너스다.

지역주민에게 실망감을 주고 사업추진 상 문제점을 발견해도 이를 지적하고 대안을 제시할 수가 없다는 뜻이다. 담당공무원이 불성실하게 답변한다면 더 구체적으로 묻고 부실한 답변 시 강도 높게 지적하고 명확한 답을 찾도록 해야 한다.

또 하나 부연해서 조언한다면 질의서 작성 시 짧고 간략하게 만드는 방법을 습관화해 두는 것도 매우 중요한 의정활동의 테크닉이다. 이를 위해서는 반복적이고 수많은 연습과 노력이 필요하다. 나만의 특색 있는 질의서 작성법을 터득해야 한다.

4
의정활동의 생명 – 자료요구

의정활동은 자료 수집이 생명이다.

각종 매스컴에서 보도되는 민원 사항이나 언론보도 내용 등은 지방의원에게 단비와 같다.

의정활동을 하는데 있어 정확한 자료의 뒷받침이 없으면 지방자치단체장이나 해당 공무원들을 상대로 제대로 문제점을 지적하고 개선을 요구하기 어렵고 오히려 설득을 당할 수 있다.

원만하게 사업추진이 잘 안 될 경우 집행부에 면죄부를 주는 격으로 추후에 제대로 된 의정활동을 못했다는 비난 받으며 두고두고 낙인이 찍힐 수 있다.

만일 공유재산 사용수익허가 또는 대부가 특정인에게 연속적으로 수의계약 형태로 이뤄졌다면 어떤 촘촘한 근거자료로 반격해야 할까. 만약 이런 자료 없이 문제를 제기하다 보면 관계 법규에 따라 적법하게 이뤄졌다는 답변을 듣게 될 것이고 이에 대한 반박을 제대로 못 할 수밖에 없다.

반박을 제대로 하기 위해서는 지방의원 자신이 공부를 통해 국유재산법, 공유재산 및 물품관리법, 도로법, 하천법, 공유재산 관리조례 등 관련법규를 훤히 꿰뚫고 있어야 하겠지만 단기간에 습득하기는 어렵다. 이럴 때는 보고를 활용하는 것도 하나의 방법이다. 조금이라도 의문점이 있으면 주저 없이 집행부 공무원을 불러 자료를 받고 보고를 받아야 한다. 그러면 해결책이 나온다. 이것이 의정활동을 잘하는 방법 중 하나이다.

업무보고는 바이블이다. 연초에 업무보고는 각 사업별로 사업개요, 당해 연도 사업추진 목표와 소요예산, 추진계획, 향후 추진계획, 사업효과 등을 잘 설명해 주고 있다.

이를 꼼꼼하게 봐야 한다. 여러 번 읽고 체크하고 또 읽고 또 재확인하고 메모하고 자신의 연간 의정활동 계획표에 반영해 수시로 파악하고 연계 활용해야 한다.(출처: 2012년 지방의회연수. 의정활동 전략과 기법, 최민수 박사 강의자료)

▲ 이영철 의장 현장톡톡 TIP

폐회 중 자료요구는 의장을 통하여 할 수 있는데 지방의원들이 멋대로 공무원을 부르고 직접 자료를 요구하는 것은 절차를 모르고 의장을 무시하는 행위다.

5
지방의원의 브랜드화

사회발전에 따라 우리의 생활관계는 더욱 다양해지고 전문화되고 있으므로 모든 분야를 두루 섭렵하기는 힘들다. 특정분야에 대한 전문적인 역량과 기타 분야에서의 일반적인 소양을 균형있게 길러야 한다.

의정활동에 있어 늘 부족한 필요 자원을 보완하기 위해 다른 지방의회 또는 다른 지방의원의 의정활동 결과, 감사원 또는 시도의 감사내용 등을 벤치마킹하면 효과적이다.

의회 전문잡지, 신문, 서적 등을 활용하면 문제의 핵심에 대하여 자료 요구할 사항, 접근방법, 반론 발언할 사항 등을 파악하기가 용이하다.

지방자치단체장과 해당 공무원은 현장 모면성 답변으로 일관하기 쉽다.

지방자치시대와 함께한 지방의회의 역사에서 늘 이런 반복된 악습은 공존했다. 이를 뿌리 뽑을 수 없는 이유는 두루뭉술하게 서로 좋은 것이 좋은 것이라는 보이지 않는 결탁으로 발생된 문제서 비롯됐다.

이런 폐단들이 나중에 혈세낭비, 사업중복, 공약남발로 이어지게 되고 겉치레식으로 포장된 사례가 무수히 많았다.

지방의원의 발언에 권위가 실리지 않는다면 지역주민들도 신뢰하지 않을 것이다. 답변은 반드시 확인하고 더 나아가 서면질문 제도를 활용해 근거를 남겨야 한다.

특히 대규모 공사가 이루어지는 사안에 대해서는 수시로 현장을 확인하고 진행사항을 점검하는 자세가 돼 있어야 한다. 방문, 감사, 조사 시 현장을 나가 볼 경우 반드시 체크리스트를 활용하여 빠짐없이 확인해야 한다.

기술직 공무원에게 시방서, 실시설계도 등을 지참하게 하여 현장에서 직접 보고 도면과 대조해 보는 습관을 가져야 한다.

제언을 한다면 지방의원도 이제 자신의 전문 분야 한 가지는 가져야 한다는 것이다. 이것이 바로 지방의원의 브랜드화이다. 강서구의회 20명의 의원이 재산관리, 재무행정, 예산회계, 토목건축공사, 아동복지, 장애인 복지 등 분야별 전문성을 가진다면 전문가의 입장에서 집행부와 대등하게 구정을 논의할 수 있을 것이다.

지방의원 브랜드화를 전략적으로 추진하는 것은 자신의 노력이 모든 이들(지역주민, 집행부)을 이롭게 할 수 있다는 취지에서이다. 이로써 지방의원은 자긍심을 드높일 수 있고 선진 지방의회로 가는 디딤돌이 될 것이다.(출처: 2012년 지방의회연수. 의정활동 전략과 기법, 최민수 박사 강의자료)

▲ 이영철 의장 현장톡톡 TIP

지방의원에게 가장 중요한 것 중 하나는 부족한 부분에 대한 답을 얻어내고 해결책을 제시하도록 하는 권리가 질문권과 질의권이다. 지방의원은 집행부에 꾸준히 묻고 또 물어서 정확하게 내용을 파악하고 문제점이 있을 경우 서로 머리를 맞대고 미흡한 부분은 보완하고 잘못된 부분은 바로 잡는 결과물을 내놓아야 한다.

제4편

행정사무감사

“행정사무감사는 지방의회가 집행부에 대한
견제와 감시기능을 수행할 수 있는
가장 대표적이고 효과적인 수단이다.
9일 동안 모든 분야를 감사하기는 어렵지만
자료제출요구 기간을 잘 활용하고
선택과 집중의 기법을 도입한다면
그렇게 못 할 부분도 아니다.”

1
행정사무감사는 의정활동의 꽃

행정사무감사는 의정활동의 꽃이라고 했다. 맞는 말이다.

집행기관에서 행한 모든 행정사무를 꼼꼼히 되짚어 봄으로써 잘못된 점은 개선 보완하고 잘 한 부분은 더욱 발전시켜 주민 복리증진을 추구한다는 취지이다. 자료제출요구, 질의 · 질문권, 조사권, 현장방문 등 거의 모든 지방의회의 권한을 동원할 수 있으며, 피감기관인 집행부는 법률에 따라 수감에 협조해야 한다.

따라서 지방의회가 집행부에 대해 견제와 감시기능을 수행할 수 있는 가장 대표적이고 효과적인 수단이다.

지방자치법 제41조에 따라 행정사무감사는 광역지방자치단체의 경우 14일의 범위 내에서 기초 지방자치단체의 경우 9일의 범위 내에서 실시할 수 있도록 되어있다.

본래 기초 지방자치단체의 경우 감사기간은 7일 이내였으나 2011년 7월 지방자치법이 개정되면서 9일로 기간이 연장되었다.

필자도 이를 관철시키기 위해 2009년 수차에 걸쳐 행정사무감사기간을 연간 회기일수 범위 내에서 자율적인 운영이 필요하다라는 취지로 언론사에 기고를 하고 중앙정부에 건의했던 기억이 생생하다. 7일이라고 해야 공휴일을 제외하면 실제 감사기간은 5일뿐이고 이 짧은 시간동안 방대한 구정업무를 모두 감사한다는 것은 거의 불가능에 가깝기 때문이다.

사실 9일이라는 기간도 부족하기는 마찬가지다. 하지만 자료제출요구 기간을 잘 활용하고 앞에서 언급한 선택과 집중의 기법을 활용하면 그다지 못 할 부분도 아니다.

집행부 역시 주민감사청구제도와 내부감사인 정기감사, 부분감사와 일상감사를 운영하고 있으나 주민감사청구의 경우 주민의 관심이 미약하여 운영실적이 미미하고 내부감사의 경우 온정적인 방향으로 흐를 수 있는 소지를 다분히 안고 있다.

지방의회의 집행부에 대한 행정사무감사는 지방의회가 주민의 대표기관으로서 권한을 위임받아 세금이 제대로 쓰여지고 있는지 정책이 올바르게 추진되고 있는지를 감시하는 지방의회 본연의 기능이자 존재의 이유라고 할 수 있다.

특히 부정의 개연성이 있는 행정업무에 대해서는 지방의원 스스로 의지를 가지고 능동적으로 대처해 나가야 할 필요가 있다.

2
행정사무감사의 대상

지방자치단체가 처리하는 사무는 자치사무와 위임사무로 구분할 수 있고 위임사무는 다시 기관위임사무(機關委任事務)과 단체위임사무(團體委任事務)로 구분된다.

지방자치법 제41조 제3항에 따르면 '지방자치단체 및 그 장이 위임받아 처리하는 국가사무와 시 · 도의 사무에 대하여 국회와 시 · 도의회가 직접 감사하기로 한 사무 외에는 그 감사를 각각 해당 시 · 도의회와 시 · 군 및 자치구의회가 할 수 있다. 이 경우 국회와 시 · 도의회는 그 감사결과에 대하여 그 지방의회에 필요한 자료를 요구할 수 있다'라고 되어있다.

따라서 원칙적으로는 지방자치단체의 거의 모든 사무에 대하여 감사가 가능하다고 해도 무방할 것이다.

그렇다면 위임사무에 대하여 알아보도록 하겠다.

기관위임사무는 국가가 지방자치단체의 기관에 사무를 위임하는 사무로 도로 · 하천의 유지와 관리, 경찰 · 가족관계등록에 관한 사무 등을 맡겨 행정의 신속성, 편리성, 예산절감, 행정의 효율성을 도모하고 주민들에게 보다 가까운 곳에서 행정서비스를 제공할 수 있는 장점이 있다.

즉 중앙부처 혹은 그 소속기관에서 처리해야 하나 사무처리의 경제성 또는 주민편의 등을 위해 지방자치단체장에게 위임해 처리하는 국

가사무다. 본래 국가사무이기 때문에 국가가 사무비용을 전액 부담하고 있다.

하지만 사무의 경비를 중앙정부가 명확하게 부담하지 않아 지방정부의 재원부담이 커질 수 있다. 이 때문에 지방자치단체의 자치력을 제약시키는 요소가 될 수 있다.

지금까지도 행정력의 대부분이 기관위임사무의 비중이 높아 재원낭비, 불필요한 시간 소비, 행정적인 이중 부담, 민원발생 등의 행정의 왜곡된 심각성이 크게 나타나 있다.

특징을 살펴보면 경비부담은 원칙적으로 전액 국고 부담하고 지방의회는 사실상 관여 대상이 아니다. 조례제정 대상도 아니며, 상급기관의 감독은 소극적일 수도 있고 반대로 적극적 감독도 허용된다.

단체위임사무는 지방자치단체가 법령에 따라 국가 또는 공공단체로부터 위임받아 행하는 사무다. 지방자치단체의 공공사무와 구별되고 같은 위임사무라도 지방자치단체장 또는 기타의 집행기관에 위임되는 기관위임사무와 구별된다.

단체위임사무는 지방적 이해관계와 전국적 이해관계를 동시에 가지는 사무다. 전국적인 처리를 필요로 하는 사무인 동시에 지역주민의 생활에도 밀접하게 관계되는 사무다.

단체위임사무는 위임 후에도 지방자치단체의 재량에 의해 사무가 제공된다는 점에서 사실상 지방자치단체의 사무로 취급되고, 재원 부담 역시 국가와 지방자치단체가 함께 부담하도록 되어 있다. 지방의회 관여는 기관위임과 다르다. 조례제정도 가능하다. 상급기관 감독은 다소 소극적, 합목적성인 감독에 속할 수 있다. 이와 관련 사례를 보면, 국세징수, 보건소의 운영, 예방접종, 생활보호, 재해 구호사업 등을 들 수 있다.

자치사무는 처리권한과 책임이 전적으로 지방자치단체에 속하는 고유사무로 지방자치단체의 존립 유지 및 주민의 공공복리에 관련 당해 지방자치단체에만 이해관계가 있는 사무다. 이 역시 경비부담은 지방자치단체가 부담한다.

지방의회 관여는 의결, 행정사무감사나 조사가 가능하다. 물론 조례 제정도 가능하다. 상급 지방자치단체로부터 원칙적으로 감독을 받을 수 없다. 따라서 소극적인 감독만 허용될 뿐이다.

▲ 이영철 의장 현장톡톡 TIP

정확한 자료나 정보 없는 의정활동은 막연히 뜬구름을 잡는 것과 같고 노력한 만큼 효과를 볼 수 없다.
잘 모르면서 아는 체 하거나 어설프게 알고 의정활동을 하면 활동의 폭만 좁아진다.
해결책은 꾸준한 공부다. 의회가 불이 꺼져 있다면 그 지역 역시 어둠을 피해갈 수 없다.

3
행정사무감사 잘하는 키워드

감사도 애프터 서비스(AS) 되나?

행정사무감사에서 감사전략을 먼저 밝히면 칼은 지적이고 꽃은 모범사례이다. 감사 지적사항에 대한 AS는 잘못을 반복하지 않도록 하는 예방주사이다.

유능한 요리사도 식자재가 없으면 요리를 못한다. 지방의원이 아무리 유능해도 자료가 없다면 역시 마찬가지이다. 행정사무감사를 철저히 하기 위해서는 반드시 집행부로부터 충분한 자료가 뒷받침돼야 한다.(출처: 2015년 행정사무감사(조사)예비학교, 최민수 박사 강의자료)

자료제출 거부 - 개인정보 빌미는 'NO'

행정사무감사 시 자료요구를 하게 되면 집행부에서 가장 많이 써먹는 답변 형태는 개인정보보호법을 운운하며 제출을 주저하는 경우가 많다. 중요한 대목이 있다. 개인정보를 빌미로 자료 제출을 거부할 경우 가져와서 보여 달라고 하면 문제는 간단히 해결된다. 공개가 어려운 부분은 가려서 가져오게 하고 공개로 인해 문제가 생기면 의원이 책임진다고 하면 된다. 이는 공개와는 전혀 다른 성격이다. 참고적으로 행정사무감사 시 정당한 사유 없이 자료제출을 거부하면 과태료 부과 대상이다.

공무원은 문서로 흔적을 남긴다

감사의 수단은 서류제출, 증인 · 참고인 심문, 질의, 현장 확인이 주로 이용된다.

'닭은 알을 낳지만 공무원은 문서를 낳는다'는 말이 있다. 공무원들이 그 동안 일했던 모든 내용이 문서로 남아 있다는 이야기이다. 눈 똑바로 뜨고 보면 문서는 반드시 어딘가에 남아 있다.

무엇을 감사할 것인가 목표를 정하고 그에 맞는 서류제출을 요구해야 한다. 그러기 위해서는 해당 부서가 하는 일이 무엇인지를 알아야 한다. 제대로 업무를 모르면서 질의와 감사를 진행할 수는 없다. 그래서 서류제출 요구가 제일 중요하다.

문제를 분석하고 의문사항이 있으면 모두 자료를 요구해야 한다. 사업변경이나 설계변경이 있다면 누가 주도해서 변경했는지 기관장의 변경승인 내부문건을 들여다봐야 한다. 예산에 변동이 있다면 예산부서와 관련 부서 간에 오고간 협의문서를 확인해야 한다. 예산이 늘었다면 자체예산인지, 낙찰차액인지, 다른 예산의 전용은 아닌지를 봐야 한다.

모든 감사는 감사장에 관계 공무원이 출석하기 전에 이미 결과가 나와 있다. 피감기관은 사전에 수감 자료를 확인하고 숙지한 후에 나온다. 공무원이 더 철저한 감사대비를 한다는 말이다. 타 지방자치단체의 경우도 살펴봐야 한다. 우리지역에 문제가 있다면 타 지역도 거의 같은 문제가 있다.(출처: 2015년 행정사무감사(조사)예비학교. 김용석 서울시의원 강의자료)

대부분의 지방자치단체 감사부서는 일상감사를 한다. 일반공사는 3억원 이상, 전문감사는 1억원 이상, 물품구입은 2억원 이상이면 일상감사를 한다. 일상감사와 관련해 문제점을 지적하려면 감사부서 의견

서를 보고 일상감사 요구 부서와 감사부서 간에 오고간 협조 공문에 그 답이 있다.

위탁기관은 대통령령에 따라 1년마다 감사를 하게 된다. 감사내역 및 시정조치를 보고 그에 대한 답변서를 봐야 한다. 시정조치가 없다면 하나마나한 감사다. 위탁기관은 설립목적에 맞는 프로그램을 50%를 편성하게 되어있다. 이 점도 중요한 감사 포인트다.

행정사무감사에서 빠뜨리기 쉬운 것이 몇 가지 있다.

주거래은행에 금고와 기금을 맡기면 금고협력비를 받는다. 이것은 협약에 의한다. 협약서의 내용대로 받고 있는지와 금고협력비의 사용처를 최근 3년치를 확인해야 한다.

법인카드 적립 포인트도 중요하다. 누가 어디에 어떻게 썼는지 살펴야 한다.

업무추진비 중 시책업무추진비에 대해 세부집행내역과 건별로 지출결의서와 증빙자료 사본을 제출받아야 한다. 또 지방자치단체장이나 부서에서 사용한 것을 제대로 집행했는지를 봐야 한다.

문제점이 있거나 의심이 된다면 사진으로 찍어 두는 것을 권장한다. 공무원은 지방의원보다 자료를 더 많이 보유하고 있고 아는 것이 더 많다는 점을 늘 머릿속에 담고 있어야 한다.

정리해 보면 감사 시 ▲준비한 것만 감사한다. ▲작년도 감사결과 조치내용을 꼭 확인한다. ▲감사대상에 대하여 타 기관을 벤치마킹한다. ▲현미경으로 보듯 내부 조직의 특성을 파악한다. ▲선택과 집중을 한다. ▲자료는 구체적으로 요구한다. 이 원칙을 숙지한다면 당신도 전문가가 될 수 있다.(출처: 2015년 행정사무감사(조사)예비학교, 최민수 박사 강의자료)

▲ 이영철 의장 현장톡톡 TIP

행정사무감사 자료요구 목록을 보면 그 지방의원의 수준을 가늠할 수 있다. 자료가 제대로 있어야 사무감사를 할 수 있을 것 아닌가?

MOU 남발 예의주시해야

민선 지방자치단체장 선출 이후 공무원 전보를 비롯해 정책이나 사업추진에서 각종 법령, 조례, 규칙, 고시, 훈령, 지침을 위반하는 사례가 빈번해졌다.

흔한 문제로 각종 MOU의 남발이다. 법적인 효력관계로 파기 시 책임문제, 투입된 예산이 적정한지를 검토해야 한다.

보조금 집행내역을 확인해야 한다. 그 외에도 산하법인 출자 출연기관의 근로계약서, 협약서 등을 살펴보아야 한다.

일반적으로 보조금을 받은 기관과 단체에서는 물품과 용역 발주 시 소액이 대부분이므로 수의계약으로 대부분 진행한다. 이러한 수의계약이 견적서대로 체결이 됐는지 2,000만원 이상은 공개를 했는지 여부를 확인해야 한다.

모든 보조사업은 사업계획서, 결정서, 사업결과보고서, 정산서, 보조사업평가서가 필수적인 부속서류이다. 이에 따라 보조금에 대한 지도감독을 해야한다.

특히 보조사업자가 공유재산을 무료로 이용하고 있는 경우 사업목적에 적정한지 또 무상지원 근거는 명확한지를 살펴야 한다.

이 외에 각종 차량 구입 시 적정가격 여부, 고가 미술품 관리실태 등도 살펴야 한다.

끝으로 각종 기금의 관리도 따져 보아야 한다. 기금 이자율이 높으면 유명무실하다. 주민에게 이득이 되지 않는 기금이라면 누가 활용하겠는가. 기금의 거치기간과 이자율을 꼼꼼히 따져봐야 한다. 이것을 조례로 확실하게 근거를 마련해 놓는 것이 좋다. 대행료, 위탁금 정산규정을 조례로 만드는 것도 잊어서는 안된다.

동네 CCTV 작동되는가

축제 등 행사는 반드시 평가를 하게 되어있다. 평가 결과에 따라 계속 추진할 것인지 여부를 결정하기 때문이다. 평가결과서가 형식적으로 작성되었는지도 잘 살펴야 한다.

통계의 활용 역시 중요한 부분이다. 모든 공사 시 통계를 활용할 필요가 있다. 통계는 예산과 관련이 있다. 만약에 직경 300mm 우수관로를 시공한다면 어떻게 우수량을 산정했는지 합당한 사유를 집행부는 제시해야 하는 것이다.

CCTV시스템 역시 마찬가지이다. 방범용 CCTV를 10대 설치한다면 범죄 발생률, 무단투기 빈도율, 교통사고 다발지역 등 신설 당위성이 필요하다. 투입과 산출을 대비해 보란 뜻이다.

물품관리는 대부분 간과하는 부분이다. 집행부와 의회의 각종 물품은 2년마다 전수조사를 하게 되어 있다. 조사결과 불용품은 조속히 매각하고 유지관리 비용이 과다 소요되는 부분은 개선을 요구해야 한다.

▲ 이영철 의장 현장톡톡 TIP

지방의원은 집행부의 대변기관(대변인)의 역할을 해서는 안된다. 믿고 선출해 준 지역 주민들에게 실망감을 안겨줄 수 있고 지방자치단체의 살림을 맡긴 주민들의 기대치를 저버려서는 안되기 때문이다.

제5편

조 례

"조례는 상생의 정치이자
준 법률적인 성격을 가지고 있다.
조례를 제정하는 자치입법권은
지방의회와 지방자치단체장의 고유의 권한이면서 합작품이다.
지방자치단체의 중요한 정책결정사항은
지방의회와 지방자치단체의 장이 서로 합의해야
민주주의의 원리가 제대로 작용된다."

1
지방자치의 블루오션 '조례'[1]

주민의 주민에 의한 주민을 위한 자치법규

지방자치제도의 가장 성숙한 발전을 이끌어 낼 수 있었던 것은 단언컨대 바로 '조례'이다.

조례는 자치법규로써 중앙정부의 법과 제도의 틈새를 좀 더 세밀하게 메꾸어 주는 기능을 한다.

조례제정권의 근거는 헌법 제117조에서 찾을 수 있다. 지방자치단체는 주민의 복리에 관한 사무를 처리하고 재산을 관리하며, 법령의 범위 안에서 자치에 관한 규정을 제정할 수 있다.

지방자치법 제22조는 '지방자치단체는 법령의 범위 안에서 그 사무에 관하여 조례를 제정할 수 있다. 다만, 주민의 권리 제한 또는 의무 부과에 관한 사항이나 벌칙을 정할 때에는 법률의 위임이 있어야 한다.' 라고 규정하여 헌법 제117조에서 언급한 '자치에 관한 규정'을 '조례'로 구체화하고 있다.

조례는 개별 법률의 위임을 받아 제정하는 경우가 대다수이다. 하지만, 법령에 위반되지 않는 범위 내에서 지역의 특색에 맞는 수익적인

1 제5편 조례의 내용은 저자가 참여한 국회의정연수원 지방의회연수과정(2012년 등) 중 조례안 입안 및 심사기법 강의교재(강사 : 김대현 전 국회사무차장, 국회수석전문위원)를 주로 인용하거나 참고하였음.

조례는 법률의 위임이 필요없다. 법률에서 세부적으로 정하지 못하는 부분을 지역특성에 맞게 적용할 수 있도록 조례로 규정할 수 있고 지방자치 본연의 목적과 취지를 살릴 수 있는 것도 조례로 제정할 수 있다.

지금까지 지방자치단체가 제정한 조례들을 살펴보면 지방자치 발전 과정을 알 수 있다.

'서울광장조례'의 경우 자유로운 집회 활동을 보장한다는 취지에서 주목을 받았다. 학교교육의 안정화와 교육의 질적 수준 향상을 위한 '학생인권조례'와 '교권조례'를 비롯해 '유통기업상생발전 및 전통상업 보존구역 지정 등에 관한 조례' 등도 지방자치권이 잘 나타난 대표적 사례이다.

서울시 무상급식 조례는 보편적인 복지와 선별적인 복지가 필요하다는 복지논쟁으로 사람들의 이목을 집중시킨 조례로써 지방자치 발전의 면면을 잘 보여주고 있다.

사실 조례입법과 관련해 그동안 자치입법 특히 조례입법은 상위법 제 · 개정에 따른 수동적인 정비가 주류를 이뤄왔다.

하지만 지방자치 이후 환경은 계속 변화하고 있다. 주민 본위의 새로운 시대를 열어 가고자 하는 노력의 흔적들이 곧 지역사회와 지역주민들에게 그대로 스며들고 있기 때문이다.

여태까지 흘러온 조례 입법사를 되짚어 보면 조례가 미래 지방자치 시대에 훌륭한 족적으로 이어질 지는 두고 볼 일이다. 앞으로 지방자치가 성숙해 가면서 주민생활에 밀착한 조례입법의 중요성이 더욱 증대될 것은 분명하다.

2
조례는 지방의회와 지방자치단체장의 합작품

조례는 상생의 정치이자 준 법률적인 성격을 가지고 있다. 조례를 제정하는 자치입법권은 지방의회와 지방자치단체의 장의 고유 권한이면서 합작품이다. 지방자치단체의 중요한 정책결정사항은 지방의회와 지방자치단체의 장이 서로 합의해야 민주주의의 원리가 제대로 작용된다.

의회가 먼저 중요한 정책결정사항을 반영한 조례안을 의결하여 이송하면 지방자치단체의 장이 이를 받아들여 서명 · 공포하거나 이견이 있으면 이를 거부할 수 있다.

입법과 집행의 전 과정을 놓고 보면 지방의회와 지방자치단체의 장이 합의해 조례안을 처리함이 가장 민주적인 의사결정과정이고 나아가 효과적인 집행도 담보할 수 있다.

조례는 법규이기 때문에 최고법인 헌법의 원리 · 원칙과 개별규정을 준수하여야 한다. 조례 입법 또한 비례의 원칙(과잉금지의 원칙), 평등의 원칙, 신뢰보호의 원칙, 명확성의 원칙, 죄형법정주의, 조세법률주의, 포괄위임금지의 원칙 등 헌법상 주요 원리 · 원칙이 적용되어야 한다.

몇 가지 세부적으로 소개한다면 비례의 원칙에서 공익이 규제로 침해되는 사익보다 크거나 적어도 균형을 유지해야 한다.

지방자치법 제22조 단서는 벌칙을 정할 때에는 법률의 위임이 있어야 한다고 규정하고 있는데 이는 죄형법정주의를 반영하고 있는 것이다.

법률의 위임 없이 조례만으로 과태료가 부과되는 위반행위를 창설할 수 없다. 과태료 부과의 전제가 되는 위반행위는 권리를 제한하거나 의무를 부과하는 규제에 해당하는 것이므로 반드시 법률의 위임은 있어야 한다.

중요한 점은 법 공백사항 즉 법령에서 전혀 규율하지 않고 있는 사항을 조례로 규율할 수 있다는 것이다. 그 지방의 실정에 맞게 별도로 규율하는 것을 용인하는 취지인 경우에 그 조례가 국가법령을 위반한 것이 아니라는 것이 대법원의 판례이다.

의회와 지방자치단체의 장은 상호 독립돼 있으므로 상호견제는 법률에 근거가 있어야 한다.

지방의회가 조례로써 법률에 근거가 없는 새로운 견제장치를 만들거나 상호견제에 관한 기존의 권한에 변경을 가져오게 하는 것은 지방자치단체장의 고유권한을 침해하는 것으로 위법하다.

지방자치단체장의 사무집행권에 대한 본질적인 침해 또는 사전의 적극적인 개입을 규정하는 조례도 위법하다. 다만, 소극적 사후적 관여는 가능하다. 반대로 지방의회의 고유권한을 침해하는 조례도 위법하다.

또 하위법규인 조례로써 지방자치단체장의 전속적 권한을 제한하는 규정을 두는 것은 권한의 분리와 배분원칙에 위배된다. 다만, 지방자치단체장의 인사권이 법률이 아니라 조례에 의해 부여되는 경우는 지방의회의 동의를 받게 하는 등 개입이 가능하다.

3
광역시 · 도 조례와 시 · 군 · 자치구 조례와의 관계

지방자치법 제24조에 의하면 시 · 군 및 자치구의 조례와 규칙은 시 · 도의 조례나 규칙을 위반해서는 안된다고 되어 있다. 위 조항의 입법취지는 무엇일까?

이 조항이 모든 사무에 적용되는 것은 아니다. 시 · 도 위임사무, 공무수행사무, 법령에서 시 · 도 조례나 규칙으로 정하도록 규정한 사무 등과 관련된 조례에만 해당된다고 해석되고 있다.

원칙적으로 시 · 도와 시 · 군 및 자치구는 각각 독립된 법인으로 상호간에 상하 관계는 없다.

▲ 이영철 의장 현장톡톡 TIP

'알아야 면장을 한다' 라는 옛말이 틀린 말이 아니다. 또 지방의원으로 당선됐다고 해서 다 끝난 것이 아니다. 의회 본연의 역할인 주민복리를 증진하고 집행기관을 제대로 견제하고 감시하려면 각 상임위원회별로 철저한 자료와 보고서를 기반으로 의정활동을 전개하고 지방의원 역시 전문성을 갖춰야 한다.

4
조례안 입안시 체크해야 할 사항

조례 입안시 반드시 검토해야 할 부분이 있다. 법률을 위반하지 말아야 할 것 이외에도 조례입법으로 인해 시민단체, 주민 간 갈등요소를 포함하고 있지는 않는지, 입법조치가 시기상조가 아닌지, 새로운 조직의 설치 및 운영이 필요한 경우 그것이 정당화될 수 있는지도 꼼꼼하게 살펴봐야 한다.

무엇보다도 입법예고와 주민공청회 등을 통해 전문가와 주민의 의견이 충분히 수렴되고 반영됐는지 검토되어야 입법의 필요성이 타당하게 작동될 수 있다.

특히 헌법이념이나 원칙, 헌법조항에 위반되는 것은 없는지도 살펴봐야 한다.

개별법령에 위반 또는 저촉되는 사항은 없는지, 조례의 규율내용은 법령에서 이미 규율하고 있는지, 반대로 전혀 규율하고 있지 않은지, 조례의 규율내용이 규제사항인지 아니면 수익적 행정행위인지도 꼼꼼히 살펴봐야 한다.

주민의 권리제한 또는 의무부과와 벌칙에 관한 사항의 경우 법령의 위임이 있는지를 반드시 확인해야 한다. 조례로 법률의 근거가 없는 지방자치단체의 장에 대한 새로운 견제장치를 만들거나 상호견제에 관한 기존권한에 변경을 가져오는 것은 아닌지도 살펴봐야 한다.

더불어 조례에 지방의회의 고유권한을 침해하는 사항이 포함돼 있지는 않는지도 봐야 한다.

조문표현이 정책의도를 명확히 반영하고 있는지, 해석상 논란의 소지는 없는지, 알기 쉽게 풀었는지도 볼 필요가 있다.

조문표현은 중복되지 않고 간결하고 경제적으로 규정돼 있는지, 상호간에 모순되거나 상충되는 내용은 없는지, 다른 법률과의 관계는 불합리하지 않는지, 조문배열 시 일반규정은 특별규정 앞에 배치하고 영구규정은 일시적 규정 앞에 오며, 보다 중요한 규정은 앞쪽에 와야 하고, 기술적 관리규정은 뒤에 배열했는지 그 순서들도 살펴야 한다.

조문이 일반적인 구성 체계에 맞춰졌으면 진행 중인 사실에 대해 새로운 입법조치를 하는 경우 그 적용대상자의 법적 권리 또는 지위를 존중 · 보호하기 위한 경과조치를 적절하게 두고 있는지도 꼭 살펴야 한다.

5
좋은 조례와 나쁜 조례

좋은 조례는 지방의회는 물론 지역주민들을 풍성하고 윤택하게 하는 가장 큰 효자노릇을 할 수 있다.

좋은 조례는 성공한 조례라고 할 수 있으며, 그 유형과 특징을 알아보면 다음과 같다.

조례의 실험적 내지 입법 선도적 기능에 주목해야 한다.

앞서 언급했지만 담배자동판매기 설치금지는 흡연권과 금연권 사이에서 상당한 진통을 가져다 줬다. 그 만큼 파장은 전국을 강타했고 조례의 롤 모델로 삼을 정도였다고 할 수 있다.

담배자동판매기 설치금지 조례는 국민건강증진법 개정 내용에 반영될 정도로 보기 드물게 우수한 조례입법 사례이다.

좋은 조례는 손꼽을 만큼 극히 제한적으로 탄생된다. 지금까지 조례들은 대부분 복사와 덧칠만 해온 것도 부인할 수 없다.

▲ 이영철 의장 현장톡톡 TIP

지방의원이 발의하는 조례의 대부분이 타 자치기관의 조례를 그대로 베끼거나 예산을 지원하자는 조례가 대부분이다. 오죽하면 붕어빵 조례라는 비아냥이 있겠는가?

지방의회가 전문인력 부족 등 한계성을 극복하는 것이 무엇보다도 선행되어야 할 개선 과제다.

다음은 나쁜 조례이다. 제정될 필요가 없는 조례로 인적 물적 예산 낭비는 곧 주민세금을 낭비하는 꼴이 된다.

지방의원은 주민편익 증진보다는 시행에 따른 많은 비용이 교묘하게 숨겨진 조례를 선별해 내는 혜안을 가져야 한다. 재원조달 문제를 도외시하는 조례는 배척돼야 한다.

목적은 그럴듯해 보이지만 실현수단은 별로 없는 즉 실현가능성이 희박한 조례는 애초부터 솎아내야 한다.

또 특정집단의 이익을 대변하는 이기적인 조례는 지방자치단체의 발전을 저해할 뿐더러 주민들에게 오히려 독이 될 수 있다.

특정지역이나 집단에 편중된 사람들만을 이롭게 하는 조례는 각별하게 조심해야 한다. 이는 종종 지방의회 소속 의원이나 집행부 수장이 이들 편에게 유리한 그럴듯하게 포장한 조례를 만들려는 의도를 꿰뚫어 봐야 한다.

부당하게 세금 등을 감면해주는 조례와 주민의 의견수렴절차를 거치지 않은 특정인들과 결탁한 조례도 나쁜 조례다.

마지막으로 의원입법 즉 의원발의 조례안은 국회에서의 의원입법과 의결건수를 비교해야 한다.

국회의원이 발의한 법안 중 본회의까지 통과하는 경우는 대략 20%를 넘지 못한다. 그러나 지방의회 의원이 발의한 조례는 본회의 통과가 100%에 가깝다. 이는 조례 발의 건수가 의정활동의 평가의 근거가 되거나 공천 시 자료로 활용되기 때문이다. 그래서 지방의회가 통과국이라는 폄하를 받고 있다. 지양되어야 한다.

지방의원 발의 조례안의 제출 전 입법절차가 보다 충실해져야 하고,

지방의원 발의 조례안의 완성도를 최대한 높여야 하는데 중점을 둬야 한다.

이것이 조례의 본질을 왜곡하지 않고 사익이 아닌 공익적인 차원에서 모두에게 이득이 되는 좋은 조례를 만드는 길이다.

▲ 이영철 의장 현장톡톡 TIP

지방의원은 주민을 대표하는 '대표자'로서, 행정관청을 견제하는 '감시자'로서, 지방자치단체의 법인 조례와 규칙을 제정하는 '입법가'로서 그 누구보다도 더 청렴하고 정직해야 한다. 이를 어겼다면 처음부터 지방의원 자격은 이미 상실한 셈이다. 지방의원 배지가 빛이 바래지는 것은 한 순간이다.

제6편

지방재정

"지방분권이 제대로 이루어지려면 재정분권부터 시작해야 한다.
지난해 국세와 지방세로 거둔 세금은 각각 242조와 64조원이다.
이처럼 수십 년간 8:2의 비율을 유지하고 있어
합리적인 세목조정이 반드시 이루어져야 한다.
반면 국가집행 중앙예산은 169조원으로 전체 예산의 39.9%이고
지방예산은 254조원으로 60.1%이다.(2017. 정부결산 기준)
국세를 보조금으로 받아서 쓰는 것보다 자체세입을 확충하는 것이 필요하며,
지금이 바로 골든타임이다.
국세와 지방세의 비율이 최종적으로 6:4까지 재조정되어야
궁극적인 목적을 달성할 수 있다."

1
지방자치단체 재정

지방재정법(地方財政法)은 지방자치단체의 재정 및 회계에 관한 기본원칙을 정한 법률이다.

55년 전 1963년 11월 제정 공포된 이래 여러 차례 개정되었고 1997년 12월 13일 전문이 개정되었다. 모두 14장 98조 및 부칙으로 구성되어 있다. 지방의원이 예산과 결산을 심의할 때 반드시 숙지해야 할 법률이다.

지방재정법 규정 중에서 지방의원이 예 · 결산과 지방재정을 파악하는데 필요한 몇 가지를 간단하게 요약하면 다음과 같다.

지방자치단체의 경비는 그 연도의 세입으로 지출해야 함이 원칙이고 그 세출은 지방채 외의 세입만을 재원으로 해야 하며 부득이한 경우에 한해 지방채(地方債)로 충당할 수 있다.

지방자치단체가 그 재산을 처분하거나 기부 또는 보조금을 지출함에는 일정한 제한이 있다. 지방자치단체의 공공사무에 필요한 경비는 그 지방자치단체가 전액을 부담함이 원칙이나 국가와 지방자치단체 상호간에 이해관계가 있는 등의 일정한 사유가 있을 때는 국가가 그 전액 또는 일부를 부담한다.

국가로부터의 위임사무에 관한 소요경비는 국가가 그 전액을 지방자치단체에 교부해야 한다. 또한, 국가는 시책상 필요하다고 인정될 경우에 예산의 범위 안에서 지방자치단체에 보조금을 교부할 수 있다.

예산 성립 후에 이를 변경할 필요가 있을 때는 추가경정예산을 편성할 수 있다. 세출예산을 정한 이외에는 경비를 지출할 수 없다.

지방세의 기타 세입은 지방자치단체의 장이 징수하되 징수관에게 위임 징수하게 할 수 있다. 지방세의 기타 세입은 수입금출납원이 아니면 수납할 수 없다.

지방자치단체의 지출원인행위는 지방자치단체의 장 또는 그 위임을 받은 재무관이 하고, 그 지출은 현금에 갈음해 지출원이 그 지방자치단체의 금고에 대하여 지급명령을 하는 방법에 의한다.

지방자치단체의 세금, 과태료 등에 대한 징수권은 5년간 행사하지 아니하면 소멸시효가 완성되는 것이 원칙이다. 지방자치단체의 소유재산인 공유재산은 행정재산과 일반재산으로 분류되는데 행정재산은 지방자치단체장의 허가 없이는 누구든지 이를 사용, 수익할 수 없다 등등 여러 조항이 있다. 지방의원은 반드시 숙지해야 할 법 조항들이다.

▲ 이영철 의장 현장톡톡 TIP

지방재정법에 대한 이해와 지식 없이는 지방자치단체의 예산을 다룰 수 없다. 지방재정법은 지방자치단체 예산 · 결산을 심의의결할 때 꼭 봐야할 바이블이다.

2
지방세

우리나라의 세금 종류는 25개가 있다.

이 중 14개 세금은 중앙정부가 거두어 들이는 국세이고 11개는 지방자치단체가 부과 징수하는 지방세이다. 이 지방세 중 서울시 자치구가 거두어 들이는 세금은 재산세와 등록면허세 두 종류이다.

재산세는 지방세법을 근거로 하며 토지, 건축물, 선박, 항공기가 과세물건의 대상이다. 토지, 건축물에 대한 재산세의 과세표준은 시가표준액에 대통령이 정하는 적용비율을 곱하여 산정한 가액으로 한다. 적용비율을 적용한 가액이 시가표준액을 초과하지 않도록 하며 공부상 등재현황과 사실상 현황이 다른 경우 사실상 현황에 부과한다.

항공기와 선박, 보트, 요트 등의 재산세 과세표준은 시가표준액으로 한다.

재산세 중 공동과세분이란 것이 있다. 이것은 서울시 25개 구청에서 거두어들인 재산세 중 항공기, 선박분을 제외한 금액의 50%를 서울시로 보내면 서울시는 25개 구청에서 보내온 금액을 전부 합산한 다음 25개 구로 균등 배분하는 것을 말하는데, 예컨대 강서구는 746억원의 재산세 중 50%인 373억원을 서울시로 보내면 강서구로 다시 오는 금액은 398억원이 온다. 강남구의 경우 5,400억원의 재산세를 거두어 들였다고 치면 50%인 2,700억원을 서울시로 보내고 다시 강남구로 오는 것은 강서구와 같은 398억원이 온다는 것이다. 부자구의 불평이 많은 대목이다. 그러나 이것은 서울 강남, 강북 간의 균형발전을 위한 것이다.

등록면허세는 구 기타등록세(부동산, 차량 등 소유권 이외의 권리 중 변경, 설정한 경우)와 구 면허세(통신판매업, 주택임대사업자등록, 식품접객업 신고 등)가 2011년도에 등록면허세로 합쳐진 것으로 과세 대상은 취득이 수반되지 않는 기타 권리의 취득, 이전, 변경 또는 소멸에 관한 등기 · 등록과 각종 법령에 규정된 면허 · 허가 · 인가 · 등록 등 특정한 영업설비 또는 행위에 대한 권리 설정 또는 신고의 수리 등 행정청의 행위에 대해 납부하는 구세다.

3
세외수입

세외수입은 경상적 세외수입과 임시적 세외수입으로 나눈다. 세외수입은 항목이 여러 가지다. 금액이 적은 것이 많다보니 대충 넘어가는 경우가 많은데 꼼꼼히 살펴볼 필요가 있다.

공유재산을 누구에게 무슨 목적으로 임대하고 있는지를 확인해야 한다. 사용료 수입에서 각 부서별로 얼마의 사용료를 계상했는지 부서별로 확인해야 한다.

기획예산부서는 각 부서별 사용료 수입내역을 총괄만하기 때문에 구체적으로 모르고 있을 수 있으나 세부내역을 자료요청해서 각 부서별 사용료 추계내역을 봐야 한다.

징수교부금 수입은 최근 3년간 수입내역을 보고 다음연도에는 얼마를 계상했는지 확인한다.

징수교부금은 서울시 세금을 자치구에서 대신 징수하고 징수금액의 3%를 징세비용으로 자치구에 보전해주는 금액을 말한다.

징수에 소요되는 처리비용은 인건비, 고지서 작성, 송달비용 등이 포함돼 있다. 시세징수교부금에 대한 개선으로 징수금액과 징수건수를 50:50으로 하여 교부하고 있다. 한동안 징수금액을 기준으로 교부할 때는 부자구는 몇 백억원을 징수교부금으로 받는 반면 가난한 구는 몇 십억에 불과했다. 지방교부세, 특별시분 재산세는 제외하고 있다.

재정보전금도 있다. 지방재정 형평화와 재정 불균형을 완화하기 위한 제도다. 교부기준을 보면 2001년 자동차면허세 폐지에 따른 감소분

보전이다. 기타등록세와 주민세, 지방소득세 변경에 따른 자치구별 차액 보전이다. 2009년부터 인센티브 금액을 재정보전금으로 교부한다.

임시적 세외수입에서 재산 매각수입을 보는 것도 기본이다. 시·군·구의 공유재산 취득과 처분은 각각 10억원 이상일 때만 의회 동의를 구해야 한다.

그 이하의 금액 경우는 공유재산을 집행부가 마음대로(?) 매각할 수 있다. 이를 놓치지 말아야 한다.

순세계잉여금은 올해의 예산을 집행완료 한 후 남은 예산 중 이월금과 보조금 집행 잔액을 제외한 말 그대로 쓰고 남은 예산을 말한다.

전에는 세외수입에 편성되었던 순세계 잉여금도 꼼꼼히 따져봐야 한다. 지금은 700장 항목으로 내부거래 및 보전재원으로 분류되어 있지만 순세계 잉여금에 대해 심도있게 살펴봐야 한다.

순세계 잉여금은 다음연도 본 예산서에 미리 예상액을 반영해 놓고 올해 예산이 전부 집행된 후, 즉 다음연도에 가서 결산이 마무리 된다. 결산 후 첫 추경 때 세입으로 반영하게 된다.

지방자치단체가 과연 다음연도 예산에 순세계잉여금을 얼마를 반영할 것인가를 봐야 한다. 여기에는 통상적으로 보수적인 예산편성이 더 바람직하다고 본다. 가장 정확한 추계가 제일 이상적이다.

고무줄 예산이란 말이 있다. 순세계 잉여금을 많이 잡으면 그만큼 세출예산을 많게 편성할 수 있다. 선거가 있는 때에 지방자치단체장의 공약사업이나 민원성예산을 편성할 때 많이 잡는데 결산을 해 보면 허구가 나타난다.

모 지방자치단체는 이같이 결산을 통해서 100억원과 70억원의 순세계잉여금 감추경이 있었다. 주민들을 기만한 행위다.

이는 집행부의 합리적인 예산편성 의식 부재와 세출예산을 먼저 계획한 후 세입예산을 이곳에 짜 맞추기 하는 식으로 방만하게 예산을 편성해서 발생한 경우다.

▲ 이영철 의장 현장톡톡 TIP

국고(시.도)보조금을 너무 탐하지 말라.
나라 재정을 뒤흔드는 작용도 될 수 있다

4
지방교부세
–수면위로 떠오른 소방안전교부세 눈길

지방교부세란 국가가 지방자치단체간의 재정적 적자를 해소하기 위해 배분하는 재원이다.

지방자치단체 총 243개 단체가 대한민국의 중심축으로 뻗어있다. 이 많은 지방자치단체들의 재정규모와 재정력은 천차만별이다. 지방자치단체들은 그 재정력에 관계없이 다양한 법령과 하부법령, 그리고 무수히 많은 조례에서 규정하고 있는 행정서비스를 제공하도록 요구받고 있다.

그렇다고 조세재원의 중앙 집중과 지역 간 세원의 불균형으로 인해 지방자치단체가 필요한 재원을 지방세수만으로 충당한다는 것은 사실상 불가능하다. 그래서 그 재원을 보전해주고 재정을 지원하는 제도가 뒷받침 돼야 한다. 이것이 지방교부세 제도이다.

지방자치단체 간 세원 편중에 따른 재정 불균형을 완화하고 모든 지방자치단체가 일정한 행정수준을 확보할 수 있도록 재원을 보장하는 지방교부세가 주민들이 평등권, 행복추구권을 실현해 나가는 수단이다.

지역 간 세원 편중과 재정 불균형을 해소하고 모든 지방자치단체의 재원 보장이라는 취지의 재정보정제도의 중추적 기능을 지방교부세가 담당하게 된다. 지방교부세는 보통교부세, 특별교부세, 부동산교부세, 소방안전교부세로 분류돼 있다.

보통교부세는 각 지방자치단체의 기본적인 행정유지를 위하여 내국세의 19.24%를 재원으로 각 지방자치단체에 교부하는 예산이다.

서울 25개 구청과 수원, 성남 등 6개 시 지방자치단체는 불교부단체이다. 지방의 시 · 군 예산 중 지방교부세가 차지하는 비율이 무척 크다. 지방자치단체에서는 10년도 넘게 적용되는 19.24%의 비율을 올려달라고 오래전부터 강력히 요구하고 있다.

특별교부세는 보통교부세의 산정방법으로는 포착할 수 없는 재정수요나 회계연도 중에 발행하는 각종 재해, 공공복지시설 복구 등 예측하지 못한 특별한 재정수요 발생시 교부하는 예산이다. 중앙정부가 내려 보낼만한 상황이 생겨 교부한 예산임에도 마치 국회의원들이 다 자기가 가져온 것처럼 행세하는 경우가 더러있어 눈살을 찌푸리게 하는 경우도 가끔 있다.

부동산 교부세는 2005년부터 종합토지세 제도가 폐지되고 재산세토지분과 국세인 종합부동산세가 개편되면서 지방자치단체 세수감소분을 보완하기 위하여 종합부동산세 총액을 재원으로 신설됐다. 이는 전액 지방자치단체에 교부돼 살림에 조그마한 힘이 되고 있다. 교부방법은 재정여건 50%, 사회복지 35%, 지역교육 10%, 부동산 보유세 규모 5%이다. 우리 강서구는 매년 약 60억원 정도를 받는다.

▲ 이영철 의장 현장톡톡 TIP

2016년 예산기준으로 국가와 지방자치단체의 예산집행비율은 38.4대 61.6으로 구성돼 있지만 전체 조세수입 가운데 국세와 지방세 비율은 77.5대 22.5로 압도적으로 지방세가 적다. 지방교부세는 국가와 지방간 재원 재배분 방안으로 수직적인 재원 불균형을 보완하는 기능이다.

하나 짚어본다면 소방안전교부세는 중앙정부의 담배값 인상으로 마련되었으며 막대한 세수확보의 척후병이다.

소방안전교부세는 담배 가격 인상으로 개별소비세법에 따라 담배에 부과되는 개별소비세가 신설된 것이다. 이유인 즉, 주요 화재 원인으로 담배에 대해 부과되는 개별소비세 총액의 20%를 소방안전교부세로 신설했다. 2015년부터 시행하고 있다.

5
조정교부금
– 지방자치단체 격차 해소 효과

조정교부금은 광역지방자치단체의 지방재정조정제도로 각 구청간 재정 불균형을 해소하고 지방자치단체간 일정한 행정수준 확보와 행정서비스의 형평을 맞추기 위하여 교부하는 재원이다. 서울시가 각 구청에 교부하는 조정교부금은 지방재정법 제29조의2 및 제29조의3, 같은 법 시행령 제36조의2 규정에 따라 교부된다.

서울시의 경우 25개 자치구에는 재원조정에 관한 조례 및 조정교부금에 대한 시행규칙이 마련돼 있다. 조정교부금은 서울시 보통세의 22.6%가 재원인데 그 금액이 무려 2조 4,084억 6,700만원이다. 이 가운데 보통교부금은 2조 1,676억 2,000만원으로 조정교부금의 전체 90%에 달한다.

보통 조정교부금은 매 연도의 기준 재정수입이 기준 재정수요액에 미달되는 자치구에 대하여 그 미달액을 보전해 주는 재원이다. 기준 재정수입이 기준 재정수요액보다 많은 강남구는 교부되지 않는다.

서울시 조정교부금의 산정방법은 각 자치구의 11개 분야 18개 측정항목과 25개 측정단위를 산정하여 기초 수요액을 정한 다음, 기초 수요액에 물가상승분 5.59%를 일괄 적용하고 그 다음에 사회복지비 구비 부담금을 더하고 또 자치구별 특수성에 따른 각종 수요액을 더하고 (예를 들어 영구임대아파트 입지 자치구는 재산세 감면에 따른 세입감소, 저소득층 밀집으로 인한 갈등, 보건 · 복지분야 행정수요 특수요인에 대한 보전액을 보정해 주는 등) 여기에다 일반관리비, 안전관리비, 환경보호비 등 필수 지출에 대한 보전액 등을 합산하여 산정한다.

조정교부율은 매년 상승곡선이다. 서울시세가 많이 걷혔다는 증거이고 자치구 사업비가 늘어났다는 것이다.

강서구는 조정교부금이 차지하는 비율이 전체 예산의 20% 이상이고 금천구는 24%이다.

특별 조정교부금은 조정교부금액의 10%를 재원으로 자치구의 재해 공공시설의 신설 · 복구 · 보수 등 특별한 재정수요가 있어 시장이 필요하다고 인정하는 경우 교부되는 것이다.

그런데 과연 그럴까? 서울시가 자치구를 길들이려는 의도가 숨어있는 예산이라는 생각이 들 때가 있다.

6
국고(시 · 도) 보조금 –눈먼 돈이 아니다.

모든 지방자치단체 사업의 재정 기본은 국비, 도비, 특별 · 광역시비, 시비, 구비, 군비로 나눠진다.

먼저 국고 보조금은 국가와 상급 지방자치단체의 시책상 필요하다고 인정하면 받을 수 있다.

또 지방자치단체의 재정 사정상 특히 필요하다고 인정될 때 국가 또는 상급 지방자치단체가 예산의 범위 안에서 지원하는 재원이다.

국가의 사무를 지방자치단체에 위임했을 경우 그 경비를 부담하는 국고위탁금(교부금)과 지방자치단체의 사업 중 그 성질상 국가의 책임 정도에 따라 그 경비의 일부 또는 전부를 부담하는 국고부담금(부담금), 지방자치단체에 대해 특정사업의 실시를 권장하거나 지방자치단체의 재정을 지원하는 협의의 국고보조금(보조금)이 있다.

2000년대 들어 중앙정부가 가장 비중을 둔 복지정책이 우리 사회에서 핵심이 되고 있다.

급속한 초고령화로 진입하면서 사회복지 예산이 급속히 팽창을 하고 있다. 이로 인해 국비,시 · 도비, 시 · 군 · 구비의 분담 비율이 일반적으로 “50 : 25 : 25” 로 균등 분담돼 있지만 사안에 따라 부담비율이 다르다.

국가 차원에서의 복지예산 증가에 따른 지방자치단체 분담은 기하급수적으로 늘어나는 양상이다. 자칫 타 예산을 끌어 쓰다가 재정여건이 열

악해져 식물 지방자치단체로 전락할 수 있는 심각성도 나타나고 있다.

재작년 중앙정부의 1년 총 예산 중 추경예산으로도 부족한 복지정책 예산을 늘리는 과정에서 행정안전부 장관과 보건복지부, 기획재정부 장관이 국고보조금 편성과 관련 날선 각을 세운 이유가 여기에 있다.

▲ 이영철 의장 현장톡톡 TIP

업무추진비로 평소 잘 알고 지내는 정치인이나 업무와 관련이 없는 사람, 같이 근무한 적이 있는 다른 직원 등에게 애경사시 부조금을 전달하는 것은 명백한 규정위반이다.

7
지방재정의 핵심사항

짚고 봐야 할 세출예산 집행 원칙

하나. 국가정책에 반하는 재정지출의 금지(지방재정법 제3조)가 원칙이다. 지방자치단체는 국가정책에 반해 사업비, 민간지원경비, 경상경비를 일체 집행할 수 없다. 여기서 말하는 국가정책은 정부가 모든 법령, 지침 또는 예산을 동원해 추진하는 국책사업 등을 말한다. 그해 지방자치단체 사무와 관련 없는 경비지출의 금지(지방재정법시행령 제32조)다. 법규에 근거 없이 국가 또는 다른 지방자치단체의 사무 및 교육사무를 처리하기 위해 경비를 지출할 수 없다.

둘. 세출예산의 목적 외 사용 금지(지방재정법 제47조)다. 세출예산에 정한 목적 외 경비를 사용하거나 세출예산이 정한 정책사업 간에는 의회의 승인없이 상호 이용할 수 없다.

셋. 회계연도 독립의 원칙(지방재정법 제7조)이다. 세출예산은 회계연도 개시전은 물론 당해 회계연도를 경과한 후에는 집행할 수 없으며, 전년도에 발생한 업무와 관련해 현년도 예산에서 집행할 수 없다. 그러나 예외도 있다. 예산의 이월, 지난 회계연도 지출, 회계연도 개시전 예산지출 등이다.

넷. 수입의 직접 사용도 금지(지방회계법 제25조)다. 지방자치단체 모든 수입은 법령에서 별도로 정한 경우를 제외하고는 지정된 수납기관에 납부해야 하며 세출예산에 계상하여 집행해야 한다. 다만 수입대체 경비는 제외다.

다섯. 기부 또는 보조금을 제한(지방재정법 제17조)한다. 지방자치단체는 건전재정운영을 위해 개인 또는 공공기관이 아닌 단체에게 기부금, 보조금 또는 기타 공금의 지출이 제한된다. 예외는 개별법령에 기부 또는 보조의 근거, 국고보조 재원에 의한 것으로 국가가 지정, 지방자치단체가 권장하는 사업을 위해 필요하다고 인정하는 경우다. 이 경우는 당해 지방자치단체 소관 사무 수행과 관련 보조금을 집행하지 않으면 그 사업을 수행할 수 없는 경우에 한한다. 출자의 제한도 두고 있다. 지방재정법 제18조에 따라 지방자치단체는 법령에 근거가 있는 경우를 제외하고는 임의로 개인 또는 법인에 대해 출자할 수 없다. 지방공기업법 제2조의 규정 의한 사업을 지방자치단체 외의 자와 공동, 지방공기업법에 의한 공사 · 공단에 출자, 지방자치단체를 회원으로 하는 공익법인에 대한 출자 경우는 제외다. 잘못된 출자는 재정을 파탄하게 만들 뿐더러, 예산이 엉뚱하게 쓰이고, 그 출자금으로 불필요한 예산 낭비만 초래할 수도 있다.

여섯. 법령에 근거한 공무원 관련 경비 집행이다. 지방공무원법 제44조에는 '공무원에 대한 급여는 법령에 의하지 아니하고 어떠한 금전 또는 유가물도 지급할 수 없다' 고 규정하고 있다. 보수는 지방공무원 보수규정, 정액수당은 지방공무원수당 등에 관한 규정, 대학자녀 장학금은 공무원 연금법에 의해 집행한다. 직책급업무추진비, 특정업무수행활동비 등은 행정안전부 장관이 예산편성기준에서 제시하는 기준에 따라 집행한다.

일곱. 법령의 위임 없이 공무원 관련 경비 조례 제정은 금지되어 있다. 지방회계법 제33조에는 정당한 채주 이외의 예산집행도 금지다. 세출예산을 집행하는 경우 법령, 조례, 규칙 또는 계약, 기타 정당한 사유로 당해 지방자치단체에 대해 채권(정당한 청구권)을 가진 자 외에는 예산을 집행할 수 없다. 예외도 있다. 일상경비 또는 도급경비 출납원에 대한 자금의 교부, 신용카드의 사용을 통한 예산집행은 빠진다.

여덟. 예산 집행절차 준수다. 예산을 집행하는 경우 관련법령, 조례, 규칙, 예규 등으로 기준과 절차를 정한 경우에 그 절차와 기준을 반드시 준수해 예산을 집행한다.

▲ 이영철 의장 현장톡톡 TIP

징수율이 낮고 체납률이 높다면 원인 제거와 대안을 찾아야 한다.
그렇다고 세입결손을 막기 위해 막무가내로 징수하는 것은 조세저항에 부딪칠 수 있다.

8
기금

기금의 개념

지방 기금은 지방자치법 제142조의 규정 또는 다른 법률의 규정에 의하여 지방자치단체의 특수한 행정목적을 달성하기 위하여 예산총계주의 등 지방재정법령의 일반적인 제약에서 벗어나 좀 더 탄력적으로 운용할 수 있도록 세입 · 세출예산에 의하지 않고 특정사업을 위해 보유 · 운용하는 특정자금을 말한다.

기금이라는 명칭에도 불구하고 조례에 따라 특별회계로 관리하고 있는 경우 실제는 특별회계이기 때문에 법적인 의미의 지방자치단체 기금의 범위에 포함되지 않는다(예를 들면, 사회복지기금 특별회계, 의료급여기금 특별회계 등).

기금의 조성 및 운용

예산은 세입과 세출을 일치시켜 '단년도' 원칙에 따라 처리하고 있으나, 기금은 연간(일정기간) 운용액과 기금재원의 총액을 나타내는 조성규모로 구분된다.

기금조성규모는 기금이 보유하고 있는 그 동안 쌓였던 누적개념의 규모로써, 장래 회수 가능한 융자금 미회수 채권까지를 포괄한다.

전년도말(기준시점)의 기금 '조성액'에서 당해연도 기금운용계획의 수입을 합산하고, 당해연도 지출을 뺀 '당해연도 연도말 조성액'에 융자금 미회수 채권을 합산해야 총 조성규모를 알 수 있다.

운용상황은 1년간의 수입과 지출로 구성되는 기금운용계획에 나타나는데, 수입은 융자금 회수, 예치금 회수, 이자수입 등으로 구성되며, 지출은 비융자성사업비, 융자성사업비, 인력운영비, 기본경비 등으로 구성된다.

기금의 자율적 · 탄력적 운영

기금은 세입 · 세출예산안과 함께 지방의회에 제출하여 심의 · 의결을 받음으로써 확정된다. 기금운용계획의 변경 또한 지방의회의 의결을 얻어야 하나 정책사업 지출금액의 20%범위 내에서는 지방의회의 의결 없이도 기금운용계획의 변경이 가능하고, 정책사업 금액이 변경되지 않는 범위 내에서는 세부항목간의 변경이 허용되고 있다.

▲ 이영철 의장 현장톡톡 TIP

세입 · 세출 예산의 규모가 기금에 비해 워낙 크다 보니 적은 기금을 다루는데 지방의원들이 소홀해지는 경우가 많다.
기금은 그 사용목적대로 확실하게 집행되고 있는지, 방만하게 운영하는 경우는 없는지 꼼꼼하게 살펴봐야 한다.

제7편

예산과 결산

**"모든 길은 로마로 통하듯이
모든 정책과 사업은 예산으로 귀결된다.
즉 지방자치단체의 주요시책이나 사업계획은
예산을 통하여 구체화되는 것이다.
따라서 예산이 수반되지 않은 정책과 사업은
한낱 구호에 불과하며,
예산승인권은 집행부를 견제할 수 있는
가장 강력한 수단이다."**

1
예산의 의의
– 공공목적을 달성하기 위한 자원

일반적으로 예산이란 일정기간, 즉 회계연도에 있어서 국가 및 지방자치단체의 수입(세입)과 지출(세출)의 예정적 계산을 의미한다.

따라서 예산의 정의는 한 회계연도에 공공목표를 달성하기 위해 자원을 효과적으로 사용하는 것에 대한 계획이다.

예산은 일정회계연도에 있어서 표기되고 예정된 지방자치단체의 세입세출의 예정준칙이고 지방의회 의결로써 성립하는 하나의 법 형식이다.

예산의 두 기둥은 두말 할 나위가 없이 세입과 세출이다.

특히 지방자치단체에서 세입은 중요하다.

양입제출의 원칙에 의거 세입이 정해져야 세출이 정해지는 것인데 '들어오는 돈' 즉 세입을 정확히 이해하지 못하면 세출을 다루는데 문제를 야기한다. 쓸 수 있는 사업비가 어떻게 들어오는지, 어떤 방식으로 들어오는지 정확히 알아야 된다는 것이다. 지방자치단체의 세입에는 용도와 목적이 있는데 그 목적과 용도를 모른다면 세출, 즉 어디에 써야 되는지를 정확히 알 수가 없게 되는 것이다.

세출은 어떤 형태로 편성해야 할 지 계획을 잘 세워야 한다. 들어온 세입이 없는데 불필요한 공약사업 등 무분별하게 사업을 확대해 주민들을 혼란하게 하고 재정 리스크를 유발할 수 있는 항목은 철저히 배제해야 한다.

예산은 공공의 목적을 성공적으로 달성하기 위해 세운 계획이다.

2
예산의 원칙
– 원칙에 충실하지 않으면 탈이 생긴다

예산의 원칙은 공개성, 명료성, 완전성, 단일성, 한정성, 사전의결, 통일성으로 분류된다. 예산안의 편성, 의결과 집행 및 회계 검사 과정에서 지켜야 할 원칙으로 실천적 과제다.

예산 공개의 원칙은 편성, 의결, 결산 사항을 주민에게 공개해야 하는 것을 말하며, 생명처럼 여겨야 한다.

사전 의결의 원칙은 집행이전에 지방의회가 먼저 예산안을 심의하는 것으로 집행부는 의결에 앞서 예산의 목적에 대해 의회와 충분한 교감을 나누어야 한다.

통일의 원칙은 특정한 세입과 특정한 세출을 직결시켜서는 안 된다는 것을 의미한다. 예산 단일의 원칙은 여러 개의 예산을 갖지 말고 하나의 예산만을 가져야 한다는 것이다. 비슷하지만 두 원칙은 그 내용에 있어서 차이가 있다.

예산단일의 원칙에도 예외는 있다. 특별회계예산과 추가경정예산을 인정하고 있다.

한계(한정)성 원칙은 각 항목에는 상호 명확한 한계를 지녀야 한다는 것이다. 지출 금액은 물론 기간도 한정이 있다. 예산의 전용과 이용의 금지 또는 제한, 초과 지출의 금지 등은 이 원칙에 따른다.

예산은 일정 기간에 대한 재정지출을 추산한 것이므로 세출예산은 일정 기간의 한정을 두고 승인돼야 한다. 또한 세출예산에 따르는 채무 부담은 보통 1년이다.

예산의 한정성에 포함되는 내용은 비단 기간의 한정만을 뜻하지 않고 질적 한정과 양적 한정까지 포함된다. 즉, 예산외 지출과 초과지출의 금지를 말한다.

우리 나라의 경우 예산의 목적 외 사용금지에 대한 예외로 예산의 이용과 전용이 있고 초과지출금지에 대한 예외로써 예비비가 있다.

회계연도 경과 금지에 대한 예외로 예산 이월, 계속비 등이 있다.

회계연도 독립의 원칙은 당해 회계연도의 세출은 그 연도의 세입으로 충당해야 한다. 예외 항목도 있다. 예산의 이월부분과 다년도 지출 등은 별개다.

3
예산의 분류

예산의 성질에 따른 분류

예산의 분류는 일반회계, 특별회계로 나눠진다.

국가의 일반회계예산은 재정의 본원적 수입인 조세를 세입으로 하고, 주로 국가의 존립과 유지를 위한 기본적 경비를 세출로 한다.

지방자치단체의 일반회계는 세입으로 지방세, 세외수입 등 자체재원과 지방교부세, 조정교부금, 국고보조금 등 의존재원을 원칙으로 한다. 세출은 지방자치단체의 존립이자 유지의 기둥이다.

특별회계는 말 그대로 특정 목적에 의해 일반회계와 별도로 설치한 회계로 특정 목적의 사업을 운영할 때, 특별한 자금을 운용할 때이며 특정한 세입은 특정한 목적에만 써야 한다. 특별회계는 지방교육비 특별회계, 환경개선특별회계, 특허관리특별회계, 토지관리 및 지역균형개발특별회계 등이 있다. 즉 특정한 세입으로 특정한 세출을 충당하기 위한 회계다.

일반회계와 같이 조세수입으로 재원을 마련하지만 기금처럼 고유사업을 수행하는 운용형태를 띈다. 특별회계 확정과 집행절차는 일반회계와 같다.

특별회계는 재정융자특별회계와 4개의 기업특별회계와, 17개의 기타 특별회계가 각 개별법에 의해 설치 운영되고 있다. 재정융자특별회계는 다른 곳에서 재원을 빌려와서 다른 곳으로 빌려 주는 회계로 각종 기금의 여유자금 등을 재원으로 터널공사 등 사업에 대한 융자에 지출된다.

특별회계가 지나치게 많이 설치되면 주민이 지방정부의 사업내용을 이해하기 어렵고 예산통제 역시 어렵게 해 행정능률이 떨어질 수 있다. 특별회계가 많아지면 재정운용의 일관성 있는 기준적용을 곤란하게 할 수 있다. 사실상의 예산팽창을 초래해 재정인플레이션을 조장하여 재정배분이 왜곡된다.

예산편성 절차에 따른 분류

예산편성 절차에 따른 분류는 본예산을 비롯해 수정예산, 추가경정예산, 준예산, 실행예산으로 나눠진다.

본예산은 집행연도 전년도에 의회의 의결을 거쳐 확정된 예산이다. 이는 수정예산이나 추가경정예산과 비교하기 위해 당초예산이라고 한다. 본예산은 당해연도의 기본이 되는 예산으로 당해연도의 전반적인 경비가 계상된다.

수정예산은 지방자치단체장이 예산안을 의회에 제출한 후 부득이한 사유가 발생한 경우와 내용의 일부를 수정하고자 할 경우 예산을 수정해 다시 제출하는 예산이다.

추가경정예산은 이미 지방의회에서 의결된 예산을 집행 중에 예산편성 시 예상하지 못한 사유가 발생했을 때 예산을 변경하기 위해 편성하는 예산이다.

이는 국고보조금, 지방교부세 등 국가에서 예산을 추가로 지원하고 지방비 예산을 추가로 확보해 사업을 집행하는 경우다.

준예산은 새로운 회계연도가 개시될 때까지 예산안이 의결되지 못한 경우 의회에서 예산안이 의결될 때까지 전년도 예산에 준해 집행할 수 있다. 예산안 심사는 회계연도 개시 15일전(기초지방의회 10일전)까지 완료해야 하지만 그렇지 못할 경우 집행하게 된다. 준예산으로 집행할 수 있는 예산은 법령이나 조례에 의해 설치된 기관 설치 · 유지 · 운영, 조례상의 지출의무 이행, 이미 예산으로 승인된 사업을 유지하기 위해 쓰인다. 실행예산은 의회에서 의결 후 확정된 예산을 사후에 발생한 사유로 인해 예산의 범위 내에서 재편성하는 예산이다.

실제로 수입이 줄어들어 세입예산이 현저하게 줄거나 감소했을 때 편성할 수 있다. 다만 의회의 예산심의 확정권을 침해할 소지가 있어 신중해야 한다. 1997에 IMF가 발생하게 되어 당초 수립된 예산을 집행하기엔 예상했던 세수가 적어 세입부족으로 많은 자치구가 실행예산을 재편성하여 집행했던 적이 있다.

4

예산 총칙과 일반 원칙

예산 총칙

지방의회에 예산안이 도착하면 첫머리에 예산 총칙이 적혀 있다. 예산총칙은 예산 · 결산서의 "대전제 또는 컨트롤타워" 라고 말하기도 한다. 필자는 특기사항이라고 표현한다. 이렇게 중요함에도 지방의회와 집행부가 너무 쉽게 생각한다. 유감스러운 일이다.

매년 예산총칙의 내용은 다를 수 밖에 없다. 일시차입금 내역, 채무부담행위, 이월금 내역, 일반회계 예비비 내역이 해마다 다를 수밖에 없기 때문이다.

그런데, 매년 심의해야 할 예산 총칙 부분은 집행부의 언급도 없고 지방의원 또한 이에 대한 질의가 거의 없이 넘어가는 경우가 많다.

안타까운 현실은 "지방재정법 제47조 제1항의 단서규정에 의한 기준인건비에 포함된 경비 및 동일 부서에서 동일 부분에 있는 정책사업간 경비는 상호 이용할 수 있다"고 '지방자치단체 예산편성 운영기준 및 기금운용계획 수립기준'에 예시를 든 것이 있는데 그것을 근거로 예산총칙에 이를 명시하는 지방자치단체가 많이 있다. 그러나 예산총칙에 적어 놓고는 의회에 와서 이에 대한 설명은 거의 없다.

이용에 관한 것은 의회 의결사안인데 총칙에 단서를 달고 이용할 수 있다고 한다면 무엇 때문에 예산심의를 밤새워가며 하겠는가.

필자가 속해 있는 강서구의 경우 2009년부터 이런 규정이 들어 있었다. 하지만 의회 속기록 어디를 봐도 여기에 대해 질의한 의원도 없었고 설명을 요구한 의원도 찾아 볼 수가 없었다. 필자의 강력하고 집요한 요구로 2017년도 예산총칙에서 이를 삭제했다.

주민 세금으로 편성된 예산은 열 번 백 번 꼼꼼히 확인해야 한다.

▲ 이영철 의장 현장톡톡 TIP

- 2008년 강서구 예산총칙 중 : 지방재정법 제47조 제1항 단서규정에 의한 총액인건비에 포함된 경비는 상호 이용할 수 있다.
- 2015년 강서구 예산총칙 중 : 지방재정법 제47조 제1항 단서규정에 의한 총액인건비에 포함된 경비, 재무활동경비, 동일부서에서 동일부문에 있는 정책사업간, 재해대책 및 복구경비는 상호 이용할 수 있다.
- 2017년 강서구 예산총칙 중 : 지방재정법 제47조 제1항 단서 규정에 의한 기준인건비에 포함된 경비, 재해대책 및 복구경비는 상호 이용할 수 있다.

공개의 원칙과 독립의 원칙

지방자치단체장은 지방자치법 제133조에 준해 주민의 알권리 보호와 집행부 독주의 방지, 주민의 조세저항 최소화를 위해 예산안을 고시해야 한다.

지방재정법 제60조에 따라 예산 및 결산 내용을 매 회계연도마다 예산 또는 결산의 확정 또는 승인 후 2개월 이내에 주민에게 공시한다.

공시내용은 세입 · 세출 예산의 집행상황, 채무보고서, 채권관리 현황, 기금운용 현황, 공유재산의 증감 및 현재액, 기타 재정운용에 관한 중요사항 등이 포함되어 있다.

주민들은 예산 공개에 따라 이의를 제기하고 세부적인 항목에 대해 추가 자료를 청구할 수도 있다.

건전재정 운영과 목적 외 사용금지 원칙

지방자치법 제122조에 지방자치단체의 재정은 수지균형의 원칙에 따라 건전하게 운영하도록 하고 있다. 빚내서 살림하지 말라는 말이다.

주민 세금으로 이뤄지는 재정을 편법으로 사용해서는 안되기 때문에 튼실한 재정 유지와 확보 운영을 원칙으로 삼고 있다. 이 균형이 깨지면 재정파탄, 불합리한 재정의 누수가 발생할 수 있다. 이를 관리 감독해야 할 의회의 책임은 막중하다.

지방자치단체장은 세출예산에서 정한 목적 이외의 경비를 사용할 수 없다. 세출예산이 정한 각 기관이나 분야 부문과 정책사업 간에 융통해서 사용해서도 안된다. 예외로는 예산의 이용, 전용, 이체 등이 있다.

예산총계주의와 사전의결의 원칙

지방재정법 제34조는 다음과 같이 명시하고 있다.

'한 회계연도의 모든 수입을 세입으로 모든 지출을 세출로 한다. 세입과 세출은 모두 예산에 편입하여야 한다' 라고 하여 예산총계주의 원칙을 규정하고 있으며 예산 사전결의의 원칙은 지방자치단체장이라고 해도 예산을 지방의회 의결을 거치지 않고는 함부로 사용할 수 없음을 의미한다.

▲ 이영철 의장 현장톡톡 TIP

지방자치단체는 재정을 건전하게 운영해야 하며, 국가의 정책에 반하거나 국가 또는 다른 지방자치단체에 부당한 영향을 미치게 해서는 안 된다.

5
성과주의 예산

성과주의 예산이란?

전통적인 통제위주의 예산원칙은 한정된 재원으로 공공부문에 대한 주민들의 높아지는 서비스 욕구에 대응하기 어려우므로 지방재정을 운용함에 있어 성과목표와 달성방법을 정한 뒤, 그 이행실적을 평가해 이듬해 예산에 반영하는 제도를 말한다. 자금지출의 목표와 이들의 달성을 위해 제안되는 여러 계획비용, 각 계획 아래에서 수행되는 작업과 그 성과에 대한 양적 측정자료가 표시되는 예산이다.

성과주의 예산제도는 활동의 평가에 유용한 양적자료를 구체적으로 제시하고 사업계획비용과 효과의 관계를 명시하는 까닭에 집행부의 사업과 예산의 관계를 명백히 해준다.

6
예산안 심사, 의원직을 걸어라

예산안 심의 · 의결은 의회가 집행부를 견제하는 가장 강력한 통제수단이다. 이 권한을 행사하기 위해서는 지방의원은 의원직을 걸 정도로 철저한 준비와 각오가 있어야 한다.

수박 겉핥기식이란 표현은 바로 형식적인 예산안 심사를 두고 한 말인 듯 싶다. 증빙서류, 계획서, 신청서, 타 기관으로부터 감사결과 자료, 세입 · 세출예산서 등을 꼼꼼히 상호 비교해 봐야 하는데 그렇지 못해서 하는 이야기다.

지방자치단체장이 의회에 예산안을 제출할 때는 예산안 편성의 근거 제시는 당연하다. 의원은 산출근거와 품목선정이 정확한가를 잘 살펴야 한다.

제대로 서류가 갖추어져 있는지 살피는 것이 기본이다. 어떤 서류들이 필요한지 살펴보자. 지방재정법에 의한 여러 가지 설명서가 붙는다. 예산편성 운영기준, 세입세출예산 사항별, 채무부담행위, 명시이월비, 전전년도 결산의 총계표, 순계표와 전년도 세입 세출결산 추정액의 총계표와 순계표, 지방채, 증권 및 차입금에 관한 전전년도 말에 발행된 상황실적, 전년도와 해당연도 말의 현재액 추정 및 연차별 상환계획에 관한 조서가 부속서류로 제출된다.

명세서도 따라붙는다. 세입예산 사업명세서, 세출예산 사업명세서, 중기지방재정계획과 각종 사업추진계획서, 국고 시도 보조금 교부신청

서 및 산정자료는, 예산안 심사의 뒷받침이 되는 자료다. 수정예산과 추경예산을 제출할 때는 첨부서류의 일부 또는 전부를 생략할 수 있다.

예산심사는 전쟁터로 뛰어 들어가는 것과 같다. 집행부에서는 당초 계획한 예산을 원안대로 통과시키기 위하여 치열한 로비를 벌이고 지방의원들은 지방자치단체장의 선심성 예산과 불요불급한 예산들을 삭감하고자 하는 양상은 총소리 없는 전쟁터와 흡사하다. 의회는 정례회의에서 예산안 심사 진행을 위하여 사전에 자료수집에 돌입한다. 예산안 심사가 시작되면 전전년도 세입세출예산서, 사업계획서 및 추경예산서 등 사전 서류검토만으로도 시간이 부족한데 자료까지 부실하면 무장해제 꼴이 된다.

다음 해에 지방선거가 있는 경우 예산안 심사와 선거준비가 겹쳐 대충 넘어가 허술하게 진행되는 경우도 발생된다.

여기서 지방의원의 역할론이 제기된다. 본격적인 예산안 심사에 앞서 현장점검부터 시작해 재확인하고 불요불급한 곳에 예산이 쓰이지 않도록 철저히 준비해야 방만한 예산운영을 막을 수 있다.

특히 단순지적과 훈계식의 질의로 진행되면서 집행부에 대한 견제기능을 제대로 못하는 경우도 있다.

지방의원들이 개인적 일정을 이유로 심사에 빠지거나 예정된 개회시간을 넘겨 얼굴을 내비치는 등 의원 본연의 의무를 망각하기도 해 심사의 본질을 흐리게 하는 경우도 있다.

예산결산위원회 소속 의원들의 형식적 심사를 막기 위한 각별한 자세도 요구된다.

지방의원은 왜 의정활동을 하는지 늘 생각하고 초심을 잃지 말아야 한다. 집행부의 올바른 견제와 감시만이 민의(民意)기관인 의회에 생명을 불어넣을 수 있다. 이것이 예산전쟁에서 이기는 길이다.

지방의원의 의무와 역할을 먼저 고민하지 않는다면 부실한 예산안 심사가 될 것이 자명하고 혈세가 증발하여 주민에게 고스란히 피해가 돌아온다.

▲ 이영철 의장 현장톡톡 TIP

예산의 의의는 곧 지역주민이 성실하게 납부한 소중한 세금을 적재적소에 올바르게 쓰이게 하는 것이다. 지방의원은 이를 철저하게 심사함으로써 지역을 더욱 발전시키고 주민들의 삶을 윤택하게 하는 주춧돌이 되어야 한다.

7 지방자치 별별 예산 – 업무추진비와 법인전입금

대한민국 모든 행정관련 기관에는 업무추진비라는 명목의 예산이 있다.

기초 지방자치단체 기관의 장으로 분류된 구청장, 부구청장, 각 국별 국장, 동장들이 해당 소속 직원과 유관기관과의 원활한 업무추진을 위해서 사용할 수 있는 예산이다.

공식적으로 강서구를 예로 들면 구청장은 한해 1년에 쓸 수 있는 업무추진비는 7,800만원, 부구청장은 5,600만원 등 각 국장과 동장들도 모두 정해진 금액 내에서 쓸 수 있도록 명시돼 있다. 간혹 이런 업무추진비를 순수한 마음으로 차상위계층이나 그 외 어려운 분들을 위해 쓰는 기관장들도 더러 있다.

기관의 장으로서 원활한 업무추진을 위해서 집행할 수 있는 예산은 꼭 필요하다. 자료를 보면 이 예산의 40%에 달하는 상당한 예산이 규정을 위반해서 집행되고 있다고 한다. 행정사무감사를 통해 지적하고 시정할 것을 요구해야 한다.

기관운영업무추진비는 규정상 엄격하게 해당 소속 직원들에게 한정해서 집행할 수 있고 일부 업무상 유관기관에 예외적으로 집행할 수 있게 돼 있다.

상임위원회 소관 국장들은 기관운영업무추진비에서 지방의원들을 대상으로 축의금, 부의금을 할 수 있다. 다른 위원회 국장들은 업무추진비를 집행할 수 없다. 동장은 소속 상임위원회가 없기 때문에 기관운영업무추진비로 지방의원에게 축 · 부의금을 하는 것이 아예 금지된다.

이러한 원칙 때문에 기관운영업무추진비가 편성되어 있더라도 업무 연관성이 없는 국회의원을 비롯한 정치인과 민간인을 대상으로 집행하는 것은 명백한 규정위반이다.

이처럼 기관운영업무추진비는 주민혈세로 마련한 예산이기 때문에 개인 용도로의 사용을 엄격히 제한하고 있는 것이다. 업무추진비를 개인적인 친분 관계의 사람들까지 집행한다면 향후 자신의 이득으로 이어지기 때문이다.

예산은 아니지만 법인전입금이란 것도 있다. 법인이 각종 시설 운영을 위탁받을 때 위탁기간 중 시설을 운영하면서 일정 부분 재정적인 부담을 지겠다고 약정하는 것이다.

비영리법인이 사회봉사 측면이 강한 복지관이나 청소년시설을 운영하면서 매년 법인에서 별도의 재정을 부담하겠다고 하는 것은 쉬운 일은 아니다. 공공서비스를 민간에게 위탁하면서 수탁자의 법인전입금을 위탁기준으로 삼는 것은 바르지 않다.

시설을 운영하고 싶은 사람이 법인의 명의를 빌려서 위탁체로 선정받고 법인전입금을 자체 조달하는 경우가 더러 있다.

이렇듯 법인전입금이 위탁의 기준이 되다 보니 수강료나 후원금, 시설 공사비나 물품구입 과정에서 회계조작을 통해서 법인전입금을 만들어 내는 편법을 취하는 경우가 더러 있다.

시설 소유주인 지방자치단체는 법적으로 위탁체에 법인전입금을 요구할 수 있어 각 시설별 형평성을 고려해 대략적인 기준을 정해주고 있다.

따라서 법인전입금이 업무추진비나 기능보강비 등 기준 없이 제 비용으로 집행되는 것은 지양되어야 하며, 운영비나 시설개선비 등으로 일정한 기준을 가지고 집행돼야 한다.(출처: 2010년 광진구의회 세미나. 김용석 서울시의원 강의교재)

▲ 이영철 의장 현장톡톡 TIP

지방의원은 예산을 어떻게 하면 제대로 활용해 그 가치를 높일 수 있는가에 대하여 늘 고심해야 한다. 그 고심은 회기뿐만 아니라 1년 내내 지속되어야 한다.

8
예산의 이용과 전용, 이월

집행부가 어떤 사업을 추진하다가 부득이한 사유가 발생하여 사업예산이 부족하게 되면 어떤 절차를 밟아 사업을 마무리 지을 수 있을까. 물론 가장 좋은 방법은 추가경정예산 편성이다. 부득이한 사유를 명시하여 의회의 승인을 받아 추가 예산을 확보할 수는 있다. 이 방법은 다소의 시간이 소요된다.

그러나 연속적으로 사업을 추진해야 할 경우 다소 여유가 있는 다른 사업의 예산을 활용하는 방법도 생각해 볼 수 있다.

바로 예산의 이용(移用)과 전용(轉用)이다. 예산의 이용은 정책사업간에 예산을 상호 융통하는 방법이다. 지방자치단체 정책사업은 입법과목에 해당하기 때문에 지방의회의 승인을 얻어야 한다.

지방자치단체장은 세출예산에 정한 목적 외에 경비를 세출 예산이 정한 각 정책사업간에 상호 이용할 수 없다. 예산집행 상 필요에 의해 지방의회의 의결을 얻었을 때에 가능하다.

예산의 이용 방법은 이렇다. 정책사업간 예산을 상호 융통해 사용하는 것으로 예산집행에 있어서 필요한 경우에 지방자치단체장이 필요로 하는 과목 · 금액 · 이유 등을 명시한 서류를 지방의회에 제출하여 의결을 받아야 한다.

예산총칙편에 이용이 예상되는 예산을 명시해 의회의 사전 승인을 얻어 집행할 수도 있지만 의회가 총칙에 단서 조항을 두어 사전에 승인을 해 준다면 의회의 권한을 스스로 포기하는 것이다. 이용방법은 사업부서가 정책사업간 상호 이용할 예산내역을 통계목까지 작성 요구하고 예산 부서는 편성목까지 확정한다.

예산의 전용은 정책사업 내 단위사업간 예산을 변경해 사용하는 것이다. 지방자치단체의 장은 법령이 정하는 바에 따라 각 정책사업 내의 예산범위 안에서 행정과목인 각 단위사업의 금액을 전용해 사용할 수 있다.

동일 단위사업 내 세부사업 간 또는 동일 세부사업 내 편성목(통계목) 간 예산을 실국장 책임 하에 상호 융통해 사용하는 것은 예산의 변경 사용에 해당된다.

지방재정법 제49조(예산의 전용)에 지방자치단체장은 각 항 내의 예산액 범위 안에서 각 세항 또는 목의 금액을 전용할 수 있다고 정하고 있다.

같은 법시행령 제55조에 의해 총액인건비범위, 시설비 및 부대비(401), 차입금원금상환(601), 차입금이자상환(311), 예수금원리금상환(705)은 다른 편성목으로 전용할 수 없고, 업무추진비에 충당하기 위해 다른 편성목에서의 전용을 할 수 없다.

상기 법령의 제한 비목 이외에는 예산의 전용이 가능하며, 예산 전용 후 동일과목에서 추가 전용도 가능하다.

다만, 전용 받은 예산을 다시 전용하거나 회계연도가 경과한 경우 전용할 수 없다.

또 하나는 예산의 이월제도도 있다. 지방재정법 제7조 제1항(회계년도 독립의 원칙)에는 각 회계연도의 경비는 당해연도의 세입으로 충당해야 한다고 규정하고 있어 이 원칙을 지나치게 고수할 경우 오히려 예산집행의 경직성을 초래해 효율성을 상실할 수 있다. 예외적으로 당해연도에 불가피하게 집행하지 못한 세출예산은 다음 연도에 이월해 사용할 수 있도록 한 예외 규정을 두기도 하나 최소한의 범위 내에서 운영해야 한다.

9
예산심사를 위한 필수 체크리스트

중기지방재정 계획서 없다면 위법?

주민을 위한 사업이 어떻게 진행되고 또 예산이 어떤 식으로 쓰일 것인지에 대한 확인절차와 장기적인 계획은 예산심사의 단초가 된다.

이를 위해 중기 지방재정 계획서가 필요하다. 중기 지방재정 계획이란 지방재정법 제33조에 따라 지방자치단체의 발전계획과 수요를 중장기적으로 전망해 반영한 다년도 예산을 말한다.

중기지방재정계획은 예산편성 바로 전인 9~10월에 확정된다. 따라서 중기지방재정계획에 포함되지 않은 예산이 예산안에 편성되어 왔다면 이는 계획성이 없는 즉흥적인 사업이거나 집행부가 꼼수를 부리고 있다는 반증이다.

중기 지방재정 계획서에 포함돼 있지 않은 예산은 절차를 무시한 예산이기 때문에 과감하게 삭감해야 한다.

의정활동 중 가장 고강도 업무는 예산심사다

예산을 모두 집행하고도 그 효과가 나타나지 않는다면 장수가 전쟁터에서 병사를 다 잃고도 성을 정복하지 못한 것과 다름이 없다. 즉 예산 편성 초기부터 비용 대비 효과와 편익을 제대로 분석하지 못한 것이고 더불어 정책 실패로 이어지게 된다. 혈세를 낭비해 재정적인 악화를 초래하고 그 결과는 지방자치단체장은 물론 지방의회 모두의 책임이 될 수 있다.

이런 문제는 아직도 종종 일어나고 있고 매년 같은 잘못이 반복되어 막대한 예산이 허공에 날리는 경우도 있다. 집행부와 지방의원 모두가 사전에 사업예산을 제대로 검토하지 못한 결과물이다.

공중전화를 걸 때 50원짜리 동전을 전화기가 꿀꺽 삼키면 내 돈이 아까워 몇 십만원짜리 전화기를 부수는 우리가 예산심의를 심도있게 하지 않는다면 이건 주민에 대한 배신이고 죄악이다. 예산은 우리 모두의 돈이다.

▲ 이영철 의장 현장톡톡 TIP

의회의 집행부에 대한 가장 강력한 견제가 예산심사다. 의회가 예산안을 심의 · 의결해 주지 않는다면 집행부는 손을 놔야 된다.

의원을 앞세운 예산 끼워 넣기는 근절되어야

예산은 모든 행정의 종착점이자 새로운 시작이다. 유능한 지방의원은 지역현안을 미리 파악해 두고 예산안을 미리 작성해 두고 집행부에 반영을 요구한다.

예산편성과 집행권은 집행부에 있기 때문에 집행부와의 긴밀한 협조가 필요하기 때문이다.

그러나 예산 총괄부서와 협의하지 않고 편법적으로 지방의원들을 앞장세워 예산을 반영하는 방법을 쓰는 공무원들도 많다. 바로 행정편의

주의이자 지방의회를 경시하는 태도이다.

주민 요구사업 등을 반영하지 않고 덜렁 예산안을 제출했다가 공무원들이 누락된 부분에 대하여 지방의원을 앞세워 끼워 넣기를 시도하려는 경우도 있다. 물론 반대의 경우도 있다는 것을 부인하지 않겠다.

작년 예산서를 기본으로 각 부서에서 예산을 편성하다 보니 전년도 예산서 그대로 편성해서 의회에 제출하는 경우가 허다하다. 이럴 경우 쪽지 예산이 생기는 것이다.

예산 편성 과정에 있어서는 원칙을 지킬 줄 알아야 한다. 집행부가 예산안을 작성하는 기간 중에 다음 연도 예산을 반영해 줄 것을 요구해야 한다. 이것은 원칙의 문제다. 지방의원이 이를 어긴다면 나중에 집행부 공무원들에게 할 말을 잃게 된다.

예산의 정도를 걷는 것이야 말로 참된 지방의원의 길이다.

▲ 이영철 의장 현장톡톡 TIP

쪽지 예산은 지방의원들이 유권자를 의식하여 편성하는 경우가 대부분이다. 이는 지방의원도 문제겠지만 지역주민들도 쪽지예산이나 챙기는 것으로 지방의원을 평가하지 말아야 할 것이다.

전년도 결산서 – 예산의 시작이자 마침표다

밥값 한다는 의원이라는 말을 듣고자 한다면 최소한 3년은 내공을 쌓아야 한다. 예산뿐만 아니라 모든 분야에서 의정활동의 흐름을 꿰뚫어 볼 수 있어야 한다.

각 지방의회에는 일반적으로 상반기 제1차 정례회에서 전년도 결산과 예비비 지출에 대해 승인을 하게 된다. 이 과정에서 결산검사 위원들과 지방의원들로부터 많은 지적사항이 도출된다.

이런 지적사항들은 전년도 예산집행에 대한 문제점이라 할 수 있다. 이를 잘 숙지하여 다음연도 예산을 심의할 때 개선안을 반영하여 예산 낭비가 재발하지 않도록 해야 한다.

예산집행의 효율성 극대화에도 관심을 가져야 한다. 결산서 상의 세입액과 다음연도 예산안의 세입 추계액을 비교해 보면 세입 추계가 적정하게 산정되었는지를 확인할 수 있다.

이러한 상관관계 때문에 예산과 결산은 따로 떼어놓고 생각할 수 없으며, 결국 결산은 예산안 작성의 시작인 것이다.

▲ 이영철 의장 현장톡톡 TIP

예산심의도 중요하지만 결산심의는 훨씬 더 중요하게 다뤄야 한다. 예산은 계획일 뿐이지만 결산은 그 계획을 얼마나 잘 수행했는지 여부와 성과를 평가할 수 있다. 즉 결산심사는 1년 동안의 예산을 실제로 집행한 결과를 나타내기 때문에 문제점을 파악하고 개선안을 도출해내고 이를 실현하는 과정을 통해 다음연도에 반영하여야 한다. 예산결산은 각종 사업과 행정집행을 평가할 수 있는 중요한 기준점임에 틀림없다.

사업보고서 – 선심성 사업 있나 없나 통찰력 중요

예산안과 함께 부속서류로 따라오는 사업보고서를 철저히 봐라. 각 부서별 사업계획이 잘 수립됐는지, 사업계획에 있어서 사업의 성과나 실효성이 의심 가는 사업은 없는지 혹은 지나치게 선거를 의식한 선심성 및 일회성 사업은 없는지 등을 사업보고서를 통해 앞뒤로 살펴야 한다.

여기서 중요한 것은 분별력과 판단력이다. 사업보고서에 지역주민들의 현안 사업이나 민원사항들이 잘 반영돼 있는지 확인하는 것은 필수다. 자칫 불요불급한 사업추진으로 예산의 낭비요소가 있는지, 공약남발성 사업은 없는지 확인하는 것도 지방의원의 몫이다. 이를 위해 공무원을 출석시키고 자료를 요청하고 현장을 돌아보며 사업 타당성과 효율성까지 따져야 하는 것도 지방의원의 자세이자 역할이다.

기금운용 계획서 – 계획서와 예산집행내역서를 대조하라

기금은 특수한 행정목적을 수행하기 위해 예산과는 별도로 특정자금을 보유 운용하는 것으로써 예산과는 분리 독립시켜 별도자금으로 관리한다.

지방자치단체의 거의 모든 사업은 예산으로 운용되고 있다. 그러나 특정분야의 사업에 대해서는 안정적인 자금지원이 필요한 경우 예산과는 별도로 기금을 조성해 운용한다. 이는 지방자치단체장의 권한 중 하나다.

예산서와 함께 매년 각종 기금의 운용계획서가 제출된다. 통상적으로 기금은 예산과 별도로 다뤄지다 보니 심사과정에서 소홀히 취급되는 경우가 종종 있다.

기금은 상대적으로 예산보다 지방자치단체장의 재량권이 포괄적으로 주어진다. 이 때문에 의회 심사를 거쳐야 하는 예산에 반영하기 곤란한 사업들이 기금에 포함되어 있다. 따라서 그냥 넘어가 버리지 말고 예산편성과 기금운영계획서를 비교해서 살펴야 한다.

그해 기금별 계획서와 예산집행 내역서도 자료와 대조하면서 기금운용계획서에 명시된 대로 맞게 집행됐는지 여부와 혹은 부적절한 집행은 없었는지 꼼꼼히 살피고 적정하게 잘 운용되는지를 살펴야 한다.(출처: 2010년 광진구의회 세미나. 김용석 서울시의원 강의교재)

▲ 이영철 의장 현장톡톡 TIP

기금의 설치 목적을 잘 파악하고 기금 사용용도를 꼼꼼히 따져야 한다. 기금도 우리의 세금이다.

10
예산안 심사 Key Point를 알면 강해진다

예산을 심사할 때 전전년도 예산서와 전년도 결산서, 올해 예산서, 다음연도 예산서를 비교하는 것은 가장 기본이다. 비교했을 때 예산액 차이가 현격하면 그 사유를 확인해야 한다. 행정사무감사나 평상시 의정활동을 통해서 사업계획의 성과가 미미하거나 취소돼야 할 사업예산이 있다면 다음연도 예산에서 과감하게 삭감해야 한다. 지방의원은 소속 상임위원회 활동을 통해 올해 예산에 대한 항목별 쓰임새를 낱낱이 살펴보고 낭비요소가 있었는지를 파악해 내야 한다.

예산안 심사의 궁극적인 목표는 단돈 1원의 세금이라도 허투루 쓰이게 하지 않도록 하기 위함이다. 이는 개인적으로 자동차, 부동산 등을 매입할 때 여기저기 꼼꼼하게 확인하는 것과 같은 맥락이다.

먼저 세입예산안은 지방세 추계방식의 적정성 여부를 검토해야 한다. 정확한 세입을 편성하기 위해서는 과학적인 세입예산 추계(세수추계)가 이뤄져야 한다. 지방자치단체가 세입에 대한 추계의 정확성을 높이는 것은 계획적인 재정운영을 위해 중요하다.

각종 세입재원별로 가능한 재원을 누락시키지 말고 포착해야 한다. 만일 세수추계가 세수에 영향을 줄 수 있는 요인을 고려하지 않고 소극적으로 대처할 경우 자원배분이 왜곡될 우려가 있다.

다음은 세입예산의 과다 계상이다. 예컨대, 매년 순세계잉여금이 500억원 정도가 발생하고 있는데도 700억원으로 계상을 하고 있었다면 허수가 발생하게 된다. 국공유재산 매각대금 등도 처분 당시 시세에 따라 변동폭이 크므로 과다 계상될 수 있다. 자동차세 역시 차량등록대수와 세율변동사항을 감안 32억원의 세입이 편성돼야 하는데 만약 40억원을 세입예산으로 잡혔다면 이미 8억원은 과다 계상한 셈이다.

과다 계상은 여기서 끝나지 않고 세출예산의 팽창으로 나타나기 때문에 세입추계의 과다 계상 여부를 철저히 심사해야 한다.

다음은 세수의 영향분석이다. 정부 발표 자료, 언론보도, 전문가들의 분석자료를 통해 올해와 내년 경제동향, 징수목표와 징수실적, 예산편성의 변동사항 등을 검토해야 한다.

최근 3년간의 부동산거래 실적, 차량등록대수, 공시지가 변동폭, 과세물건 증감 추이 분석은 눈여겨 볼 대목이다.

건물 등 시가표준액 조정기준을 정확하게 반영 조정했는지, 과세대상물건의 가격 인상분 등을 적용했는지 살펴야 한다

다음은 탄력세율의 활용도다. 현재 지방세수 증대를 위해 탄력세율을 적용하는 지방자치단체는 거의 없다. 이유는 지역주민의 조세저항을 불러일으키는 증세는 지방자치단체장의 행정운영이 발목을 잡힐 수 있기 때문이다. 그렇다고 탄력세율 적용을 등한시할 수는 없다. 탄력세율은 세수증대에 기여하기 때문이다. 지방자치단체는 징수율과 체납률과의 싸움이다. 무엇보다도 중요한 것은 세무공무원들의 철저한 사명감, 체납세액 징수 전략, 전문적인 세무행정 경험과 지식의 확보가 필요하다. 이러한 문제를 해소하는 역할도 의회의 기능이다.

세입결손을 줄이기 위한 다양한 방법을 모두 밝히기는 어렵지만 자동차세를 고질적으로 상습 체납한 차량에 전국 어디서나 체납세를 징수할 수 있는 조치는 매우 바람직하다.

▲ 이영철 의장 현장톡톡 TIP

사업의 필요성, 규모, 계속성 여부, 신규사업 분석 등 꼼꼼한 예산안 심사는 지방의원의 의무이자 권리이다. 지역주민들이 항상 지켜보고 있음을 명심해야 한다. 단 한 건의 세부사업이라도 적당히 타협하는 심사는 없어야 한다.

11
세부사업단위 예산의 심사 기준

기능별 세출예산은 13개 분야로 나눠져 있다.

항목을 보면 행정, 공공질서, 안전, 교육, 문화, 관광, 환경, 사회복지, 보건, 농림해양수산, 중소기업, 수송 및 교통, 지역개발, 과학기술, 예비비 등이다.

세부사업별 심사를 할 때에는 각 분야별 사업이 활발하게 추진되고 있는 타 지방자치단체와 비교해 보고 예산의 구성비를 합리적으로 설정하는 것이 타당하다.

반복해서 언급하지만 예산사업은 목표가 분명해야 하고 구체적이어야 한다. 투입된 예산으로 변화가 없다면 재검토는 필수다.

세부사업별 필요성과 긴급성이 인정되면 사업규모가 어느 정도 될지를 검토해야 한다. 교량공사의 경우 수요량과 교통량 분석을 정확히 하여 규모의 경제가 실현될 수 있도록 최적의 설계를 하고 사업비를 산정해야 한다. 너무 커서도 너무 작아서도 안 된다는 말이다. 사업규모의 검토는 추후 예산의 효율적 운용과 직결된다. 수해예방을 위한 하천정비 사업이라면 우기가 시작되기 전에 공사를 마쳐야 하는 것이 바람직한 행정시스템이다.

예산심사는 사업의 계속, 폐지, 확대와 축소 등으로 나눠진다.

사업목적의 달성을 위해 지방자치단체의 개입 없이 민간 등에서 자체적으로 사업 수행이 가능한지 확인해야 한다. 주차장 운영 불법광고

물 수거보상제 등이 좋은 예다.

그리고 예산의 계획적, 효율적 운영을 기하고 각종 투자 사업에 대한 무분별한 중복투자 방지를 위해서 재정투융자심사를 하게 되어있다. 지방재정법에 근거해 재정투융자심사를 마친 사업에 대하여 예산편성을 했는지 확인해야 한다.

시군구의 경우 총사업비 10억원 이상 30억원 미만 사업과 전액 자체재원(시 · 군 · 자치구비)으로 추진하는 20억원 이상의 사업은 반드시 투융자심사를 거쳐야 한다. 투융자심사를 회피하기 위한 사업은 없는지도 검토해야 한다.

그 외 계획과 예산의 연계성을 파헤쳐야 한다.

모든 사업의 추진은 짜여진 계획을 구체화시키는 것이다. 예산안과 각종 계획 간의 관계를 비교하면 사업규모 증감의 필요성을 찾아낼 수 있다.

인건비 등 경상비 절감방안, 국내외 출장비, 국고 보조사업 매칭비율, 재정수요의 조정, 의정활동과 예산안 심사 연계, 예산규모의 적정성을 볼 필요가 있다.

▲ 이영철 의장 현장톡톡 TIP

지방자치법 제36조는 지방의원의 의무에 관하여 명시하고 있다. 지방의원은 공공의 이익을 우선하여 양심에 따라 그 직무를 성실히 수행하여야 한다. 청렴의 의무를 지며, 지방의원으로서의 품위를 유지하여야 한다. 지위를 남용하여 지방자치단체 · 공공단체 또는 기업체와의 계약이나 그 처분에 의하여 재산상의 권리 · 이익 또는 직위를 취득하거나 타인을 위하여 그 취득을 알선하여서는 아니 된다. 그러나 법적 의무보다 더 무겁게 느껴지는 것은 늘 곁에서 지켜보고 있는 주민들의 눈이다.

12

예산낭비 유형 알면 의정활동 A++

지방의회는 예산안에 대하여 불필요하고 낭비적 요소가 강한 부분에 대하여 수정과 감액, 폐기할 수 있는 권한을 부여받고 있다. 이러한 권한을 잘 행사하기 위해서 필요한 것이 바로 철저한 사전 준비와 심사다.

예산낭비의 유형에는 여러 가지가 있다. 무리한 공약이행이나 정치적 필요에 의해 투자사업을 시행하는 경우다. 이는 100% 실패로 끝나게 될 것이 자명하고 막대한 혈세낭비와 더불어 재정력 악화로 이어져 지방자치단체가 파산할 수도 있다.

불순한 예산도 숨어 있다. 변칙적으로 사회단체나 위탁체에 경비를 지원하거나 과도한 규모의 신청사 등을 건립하는 것이다. 지역주민을 배신한 결과물이다. 용역경비를 과다 집행하고 용역보고서도 발주자의 입맛에 맞춰 납품하는 등 혈세낭비가 일어나는 사례도 있다. 또한 지방자치단체장의 지시로 여러 부서가 중복투자하거나 기존 사업을 새로운 신규 사업인 것처럼 교묘하게 위장하는 경우도 있다.

매년 새로운 이름으로 정체불명의 축제를 남발하는 경우도 많다. 또 적정가격 이상으로 더 비싸게 구매하여 세금을 낭비하는 경우도 있고 반대로 덤핑 계약을 하여 부실공사로 이어진다. 이어지기도 한다. 이는 입찰과 구매과정에서 주로 발생한다. 잘못된 설계나 시공 또는 민자사업 협약은 예산낭비를 초래한다.

형식적인 용역발주도 세금 먹는 블랙홀이다. 보상금 하면 떠올려야 하는 것이 선심성 여부이다. 사회보장적 수혜금은 법률에 근거가 있는 경우, 국고보조재원에 의한 경우, 용도를 지정한 기부금, 그리고 지방자치단체가 권장한 사업에 필요한 경우에 한해 편성해야 한다. 여기에 해당하지 않는다면 선심성, 낭비성, 행사성을 의심해야 하고 심사과정을 통해 걸러내야 한다.

축제의 경우에는 성과가 있었는지, 규모를 축소할 필요는 없는지도 따져보고 소규모의 축제를 통폐합해 과다 지출을 줄이는 방법도 찾아야 한다. 무엇보다 중요한 것은 성과를 따져봐야 한다. 모든 예산은 세출심사에서 자유로울 수 없어야 한다.

▲ 이영철 의장 현장톡톡 TIP

사업의 성과가 없는 관행적인 예산편성에 대해서는 과감하게 삭감해야 한다.

용역사업비도 문제다. 용역업체는 발주자(지방자치단체)의 눈빛을 보고 결과물을 만들어 낸다는 우스갯소리도 있다. 용역계약의 경우 수의계약보다는 원칙적으로 경쟁입찰 방식을 택해야 하고 결과물의 경우 기본계획과 세부집행계획이 관계법령에 저촉되는 일이 없는지 봐야 한다. 과업지시서 내용대로 진행하고 있는지 중간 점검도 필요하다.

국외 출장 역시 업무관련 자료수집, 조사 등을 위한 목적이라면 현지 공관과 코트라 등을 활용하면 많은 시간과 큰 비용을 들이지 않고 목적을 달성할 수 있다. 공무수행이라는 여행 목적이 분명치 않다면 지방의원은 이 부분을 짚고 넘어가야 한다.

집행부에서 예산편성의 사유로 가장 흔하게 사용하는 것이 일자리 창출이다. 경험상 이런 이유를 대며 예산편성을 요구하는 사업들은 지속가능한 양질의 일자리가 제공되는 것이 아니라 단기간 단순노무직과 같은 효율성 떨어지는 일자리가 대부분이었다.

사실 실질적이고 필요에 맞는 일자리를 제공하고 연결해 주기는 쉽지 않다. 그러나 예산이 수반되는 일자리 창출사업은 반드시 비용대비 효과를 따져봐야 한다. 5천만원의 생산 유발효과를 위하여 1억원의 예산을 투자하는 일은 없어야 한다. 이러한 사업들은 주민에게 별반 도움이 되지 않을 뿐더러 지방자치단체장의 이벤트성 언론플레이로 이어질 공산이 크다.

예산의 개인사용 사례도 큰 낭비요소이다.

복사용지 등 사무용품 집으로 가져가기, 컴퓨터 · 팩스 · 전화 등 행정장비 개인용도 사용, 사적인 업무를 사무실에서 처리하면서 시간외수당 챙기기, 교대로 남아서 동료직원까지 함께 야근하는 것으로 위장해 수당 챙기기, 법인카드로 친구와 가족 접대하기, 담당업무와 밀접한 관련 사업 부업하기, 거짓 출장보고서로 여비 부당 수령, 개인적으로 필요한 자료를 예산으로 구입하기, 출장 허가 후 개인용무 보기, 행사경비를 직원 회식비로 사용하기, 사적업무 관용차량 이용 등 반드시 뿌리 뽑아야 할 행위이다.

13
세출예산안 핵심 체크 포인트

재정운용 방향 설정 및 사업우선순위 조정

예산의 핵심은 세입과 세출의 균형이다. 여기에 따라 지방자치단체의 건전 재정력이 판별된다. 지방자치단체장이 지나칠 정도로 편향적인 재정투입을 하게 된다면 훗날 재정악화로 이어지게 될 것이 뻔하다. 이를 견제하기 위해서는 세출예산안에 숨겨진 항목을 제대로 분석해야 한다. 삭감하거나 절감이 필요한 사업, 지방자치단체의 사회경제적 여건을 비춰 예산이 과다한 부문은 없는지, 민생안전을 위해 긴급하게 증액하거나 신규로 반영한 사업을 면밀하게 검토해 사업 우선순위를 조정해야 한다. 이런 것을 따져 보는 것이 의회의 몫이다. 사업비 우선순위 결정 기준은 중요한 사업, 법정사업, 필수사업은 먼저 반영하는 것이다. 너무도 당연한 말이지만 잘 지켜지지 않기에 강조하는 것이다.

또 대규모 사업이 종료가 되면 자기 실국의 예산 감소를 방지하기 위해 무리한 신규사업을 만들어 편성을 요구하기도 한다.

물론 안 될 말이다. 앞서 말한 것처럼 대규모사업은 투융자심사, 중기재정계획, 주민과 이해관계인 의견 수렴 등 반드시 필요한 절차를 거쳐야 한다. 또 지역 간 형평성도 고려해야 한다. 우선 순위에 맞게 편성해 오더라도 어느 정도 지역 간, 부문 간 형평성을 유지해야 한다.

그래도 굳이 신규사업을 하겠다고 하면 확실한 사유가 뒤따라야 한다. 어떤 효과가 있고 지역주민들에게 어떤 혜택이 돌아가는지, 효율적인 예산 사용을 위한 불가피한 조치다.

재정지원사업의 타당성과 충실도

재정지원사업은 공공기관이 자체재원으로 추진하는 것과 민간추진사업에 재정을 투입하는 대안을 서로 비교형량하여 어떤 것이 합리적이고 바람직한 것인지를 검토해야 한다. 이를 기초로 예산을 부문별로 조정하는 것이 가능하다. 꼭 대규모 공사뿐만 아니라 재단에 출연을 할 수도 있고 보조사업 등 다양한 유형으로 나타난다. 이 중 주로 문제가 발생하는 부분이 공공기관의 출연금 과다 책정이다. 연례적인 행사처럼 자체 수입 예산을 과소하게 추정해 재정 출연금을 많이 받아내는 경우이다. 방만한 경영으로 지방자치단체 전체에 부담으로 작용되어 다른 충실한 사업까지 연기되거나 지연될 수 있다.

예산 과다 · 과소 편성

예측을 하기 어렵거나 부정확한 예측으로 사업예산을 과다하게 편성했다면 이는 반드시 문제다. 처음부터 예산액의 산출근거인 단가와 수량 분석이 허술했다는 증거다.

반대로 예산 과소편성 사업을 꼽을 수 있다. 예컨대 기초노령연금 부족으로 다른 사업에서 30억원을 전용하고 20억원을 예비비에서 사용하였다면 결국 추가경정예산의 편성으로 이어져 자원의 효율적인 배분을 어렵게 만든다.

또한 연도 말 전용 감액과다 사업, 지난연도 전용 감액과다 사업, 예산의 목적 외 사용한 사업도 예산안 심사 시 조정에 포함시켜야 한다. 집행실적 부진 사업, 유사중복사업, 의무적 지출예산 증액요인도 그

대상이다.

▲ 이영철 의장 현장톡톡 TIP

지방의회가 건강하고 튼실하게 성장하기 위한 필요조건은 지방의원의 권위적인 위상이 아니다. 하나에서 열까지 철저한 봉사정신으로 무장하고 실력을 갖추어 주민에게 다가가는 것이다. 더 나아가 주민의견의 수렴부터 정책화, 집행, 피드백이라는 메카니즘이 원활하게 수행 될 수 있도록 하는 법적 장치를 만들고 따라야 한다.

14
결산심사

결산은 한 회계연도 1년 동안의 모든 세입 · 세출예산의 실적을 수치로 표시하는 행위이며, 결산검사와 심사 · 승인은 당초 의회에서 승인 · 의결된 대로 예산을 집행하였는가, 예산편성 시에 예상한 결과나 효과가 나타났는가를 규명하고 평가하는 절차라고 할 것이다.

이러한 평가가 제대로 이루어져야 '특정사업에 대한 예산이 낭비되었다, 잘못 집행되었다, 사업효과가 낮거나 없다' 등의 판단이 가능하게 되며 예산과의 괴리정도, 재정운영성과 등을 체계적으로 분석할 수 있다.

지방자치법 시행령 제83조에 따라 의회에서 위촉하는 결산검사 위원들은 시 · 도는 5~10명, 시 · 군 · 구는 3~5명으로 구성하도록 되어 있다. 강서구는 5명을 선임하여 결산검사를 하고 있다. 결산검사위원들은 대부분 세무사 및 공인회계사이기 때문에 지방자치단체의 사업내용에 대하여 이해가 부족한 부분이 있어 대부분 지방재정 관련 법령이나 회계절차, 불용액 등에 중점을 두고 결산검사를 하는데 이런 부분은 결산검사 대표위원인 지방의원이 사업단위별 예산집행 실적 위주로 평가할 수 있도록 보완해 줄 필요가 있다.

▲ 이영철 의장 현장톡톡 TIP

2011년 결산검사 대표위원 시 결산검사 위원들에게 그날의 쟁점사항과 문제점, 지적사항들을 매일 제출토록 하였다. 아무리 지적사항을 도출해 놔도 3~4일후면 여러 방면으로 로비가 들어와 문제점과 지적사항들이 모두 사라졌기 때문이다.

15 결산의 기능

집행주체에 대한 회계책임 확보

결산승인은 예산집행의 책임자인 자치단체장이 행 · 재정적 사무 처리나 사업시행 등에 신중을 기하도록 하고, 예산집행 결과에 대한 회계책임을 추궁, 재정에 대한 감독 · 통제 역할을 함으로써 행정집행이나 사무처리에 신중을 기하게 되는 역할을 하고 있다.

다음 연도 예산편성에 활용

결산 승인은 의회 입장에서 보면 세입 · 세출예산에 대응한 집행결과를 최종적으로 확인함으로써 그 과정에서 잘못된 점이나 개선사항을 도출할 수 있어 다음 연도의 예산편성과 심의 시 자료로 활용하는 것이 좋다.

주민에 대한 행 · 재정적 보고 수단

결산심사 과정이나 결과를 통해서 지방자치단체의 재정운영 실태와 운영성과를 주민들에게 알림으로써 지방자치단체의 행 · 재정적 실태와 현황에 대한 이해를 구할 수 있으며, 결산검사에서 도출된 문제점과 지적사항에 대한 지방의원들의 심사자료는 의원들이 주민의 신뢰를 얻을 수 있는 기회라 할 것이다.

의사결정 자료로 활용

결산검사 및 심사를 거친 결산자료는 성과평가와 성과목표 수립, 새로운 사업계획과 중장기 계획수립 등의 의사결정 자료로 활용한다.

▲ 이영철 의장 현장톡톡 TIP

2016년도 결산을 심사하면서 전문 결산검사위원인 공인회계사 및 세무사, 전직 공무원이 30일간 애써 만들어 놓은 결산검사의견서를 의정활동과 결산승인시 활용토록 의원들에게 나누어 주었다. 과연 몇 명이나 결산심사에 자료로 활용하였을까?

16
결산심사를 위한 체크포인트

예산집행의 효과성

결산심사의 핵심은 사업추진의 효과를 검토하고 평가하는 것이다. 목표달성도와 효율성, 예산으로 어떤 사업을 추진하였다면 당초에 계획했던 사업목표를 최소비용으로 달성했는가의 여부는 당연히 평가해야 된다.

사업의 변경 · 취소 사유

예산편성시 계획수립된 예산은 변경 또는 취소가 최소화 되는 것이 가장 이상적인 행정행위이겠지만 불가피한 경우 사업이 변경되거나 취소될 수 밖에 없는 경우가 있다. 변경사유가 계획수립에서부터 문제가 있었는지, 정치적인 요인은 없는지, 주민들의 뜻과 반하는 부분은 없는지 면밀히 살펴봐야 할 것이다.

변경 또는 취소하고 남은 예산을 다른 사업비로 돌려 이 · 전용하는 사례는 없는지 잘 살펴보고 다음연도 예산심의 과정에서 과감히 삭감하는 등 적극적으로 대처해야 한다.

이 · 전용의 사유와 용도

대부분 결산심사 때 가장 많이 지적되는 것이 이 · 전용과 불용액 과다이다. 이 · 전용은 예산집행 시 특정 항목의 예산부족 등에 대처하기 위한 장치이지만 예산집행에 있어 이 · 전용이 많다는 것은 결코 바람직한 현상이 아니다. 이 · 전용이 있을 경우 그 사유와 절차, 시기, 용도 등에 대해서 세밀하게 살펴야 할 것이다.

특히, 11월이나 12월에 이루어진 이 · 전용 예산은 사업을 마무리하는 시기에 남는 예산을 다른 사업에 사용하려는 의도가 있는 것은 아닌지 확인해 보아야 한다.

불용액의 발생원인

불용액이 발생하는 사유는 사업예측 착오, 사업의 변경, 예산의 과다계상, 예산 절감, 예산집행 잔액, 예산의 미집행 등으로 분류할 수 있다. 불용액이 많다는 것은 예산운용의 효율성을 저해하고 체계적이지 못한 사업계획 수립과 예산집행으로 예산 낭비를 초래할 수 있으므로 반드시 확인해야 할 대상이다.

국고(시 · 도)보조사업의 효과와 반환

지방자치단체의 예산중에는 국고(시 · 도)보조금 규모가 많은 비중을 차지하고 있다. 그런데 보조사업의 사업량을 소화하지 못하면 다음연도 보조금이 줄어들 우려가 있고 미사용 보조금을 반환해야 되므로 무리해서 사업을 집행하려고 한다. 그러다 보면 보조사업 대상이 잘못 선정되어 예산이 낭비되는 경우가 발생할 수 있는 소지가 많다. 따라서 결산심사 시 보조사업의 집행현장을 확인하고 사업의 부실화, 사업목적 달성여부 등을 검토해야 한다.

체납액과 불납결손

결산심사 과정에서 세출은 꼼꼼히 살피면서 가장 중요한 세입에 대한 부분은 소홀한 경우가 많아 안타깝다. 세입분야의 결산심사에서는 세입징수 실적과 체납액 증가 추이, 불납결손액 발생여부 등을 심도있게 심사해야 한다.

미수납액 증가추이를 살펴서 소극적인 징수활동을 하는 건 아닌지 평가하고 체납액에 대한 징수노력을 촉구해야 한다. 불납결손액은 왜 발생했는지 그 사유(거소 불명, 무재산, 시효 완성 등)를 검토하여 체납세원 관리가 소홀한 부분은 없는지 면밀히 살펴보아야 한다.

사고이월의 사유

사업을 발주한 후 공사기간 부족 등의 이유로 예산을 다음연도로 넘기는 사고이월의 사유를 보면 지방교부세나 국고(시 · 도)보조금이 늦게 내려와 어쩔수 없는 경우도 있지만 자체사업이 사고이월 되는 경우에는 무계획적인 행정집행으로 사업이 제 때 이루어지지 않아 발생하는 경우가 많으므로 그 사유가 타당한지 반드시 확인해야 된다.

예비비의 지출용도와 시기

예측할 수 없는 예산의 지출수요에 대처하기 위한 예비비는 당초예산 일반회계 예산규모의 100분의 1 범위내의 예산을 확보해야 한다.

예비비의 용도는 태풍, 지진 등 천재지변이나 기타 예측할 수 없는 사유 등으로 불가피하게 집행할 수 밖에 없는 사업에 집행하도록 국한해야 한다. 그런데 지출용도가 예산에 편성하여 집행하여야 할 항목까지도 예비비에서 집행하는 사례가 많이 발생하여 문제점으로 지적되고 있다.

순세계잉여금

한 회계연도의 예산을 집행하고 남은 예산과 당초 추계한 예산을 초과하여 징수된 세입을 합한 회계연도의 세입 · 세출 결산상의 잉여금을 세계잉여금이라 한다. 세계잉여금은 세입예산을 초과하여 지방세나 세외수입 등이 초과 수납된 경우와 세출예산의 집행잔액 중 불용액이 발생된 경우이며, 세계잉여금 중에서 각종 이월금과 보조금 사용잔액을 제외한 순수한 세계잉여금을 순세계잉여금이라 한다.

순세계잉여금은 일반적으로 다음연도 추경예산의 세입재원으로 활용되지만 지방자치단체장의 선심성 예산증가와 무리한 사업추진으로 순세계잉여금이 당초 예측금액보다 적게 발생하여 '감' 경정하는 사례가 일부 나타나고 있다. 이것은 예산편성 당시 세입을 정확하게 추계하지 않고 세출예산을 먼저 확정한 후 세입예산을 무리하게 짜 맞춘 결과라고 말할 수 있다.

예산심사와 결산심사

결산심사의 기본 자료는 연초에 의회에 보고한 사업계획서와 예산서, 예산심사 내용일 것이다. 이 기본자료를 통해 어떤 사업이 얼마나 잘 추진되고 있는지 사업성과를 따져보고, 사업들이 본래 계획대로 예산이 잘 집행되고 있는지 등을 확인해야 한다.

결산심사 내용을 기준으로 예산편성을 해야 하고, 예산을 기준으로 결산심사가 이루어져야 한다는 것이다. 결산심사가 부실하면 다음연도 예산편성이 엉망이 될 수 있으므로 결산검사에서 지적된 사항과 문제점 등을 잘 검토하여 예산심사시 활용해야 할 것이다.(출처: 2010년 광진구의회 세미나. 김용석 서울시의원 강의교재)

※ 참고 문헌

– 행정자치부

「지방자치단체 예산편성 운영기준 및 기금운용계획 수립기준」

– 최민수(국회의정연수원 교수)

「의정활동의 전략과 기법」

「행정사무감사(조사) 예비학교」

– 김용석(서울특별시의회 의원)

「행정사무감사(조사) 예비학교」

– 김대현(전 국회사무처 사무차장)

「조례안 입안 및 심사기법」

제8편

의정칼럼

"1991년 지방의회가 재구성된 이래
지방자치는 눈부신 발전을 거듭해 왔다.
그동안 4선 의원을 거치면서
현장에서 주민들을 만나고 소통하면서
다양한 목소리를 접할 수 있었다.
본 칼럼은 그동안 의정활동 경험을 토대로
이러한 현장의 생생함을 담고자 하였다.
모쪼록 이 글이 지방의회의 발전과
지방의원의 역량 강화에 도움이 되길 바란다."

지방의원 전문성 교육 절실하다

지방자치가 다시 시작된 지도 20년이 지났다. 성인이 된 것이다. 이 정도면 풀뿌리 민주주의를 실현하겠다는 당초 취지에 걸맞은 성과와 실적을 보여줘야 한다. 하지만 지금의 모습은 어떤가. 오히려 일각에서는 지방의회 폐지론마저 거론하고 있다. 그러나 정작 지방의회는 이런 안타까움을 자성하는 분위기마저 전혀 느껴지지 않고 있어 지방의원의 한 사람으로서 씁쓸함이 앞선다.

지방의회 폐지론이 등장한 데는 여러 이유가 있겠지만 그중에는 지방의원들의 자질도 한몫했다. 지방의원들의 음주운전, 폭행사건, 의정활동 중의 폭언 등 자질을 의심케 하는 일이 비일비재했다. 특히 하루에 5~6개 부서의 일년 예산을 심의하거나 행정사무를 감사하면서 시간의 촉박함을 누구 하나 하소연했던 적이 있는지, 또 전문 지식마저 부족해 '수박 겉핥기식' 심의를 하며 안타까워했던 적이 있는지를 스스로에게 되묻고 싶다.

매년 고성이 오고 가고 대안 제시도 없이 윽박지르는 등의 고압적인 자세로 의정활동을 일관하지는 않았는지 되짚어본다. 이런 행태가 풀뿌리 민주주의와 지방자치 발전의 산실이 되고자 했던 기초 지방의회의 본래 취지를 퇴색시키고 폐지론이 고개를 들게 했다는 생각이다. 늦은 감이 있지만 지금이라도 자질을 의심케 하는 행동을 한 지방의원은 주민이 표로 심판해 신성한 의회에 들어서지 못하게 해야 한다. 그러기 위해서는 기초 지방의회 의정에 대한 유권자들의 관심이 중요하다. 무엇보다 공무원들이 전문성 향상을 위해 연간 일정 시간씩 의무 교육을 이수하듯 지방의원 전문교육기관을 신설해 예산심의, 행정사무 감사 등 고유 업무에 대한 전문성 향상을 위한 교육을 의무적으로 이수하는 방안이 마련돼야 한다. 워크숍이라는 이름으로 단체로 몰려가 받는 형식적인 교육이 아니라, 일정 의무이수 시간을 정해놓고 적어도 이수시간 50%는 취임 1년 안에 개별적으로 이수하도록 하는 등 제도적 장치를 마련해야 한다. 전문성 향상으로 효율적이고 실질적인 의정활동은 물론 교육을 통해 타 지방의원들과 자연스러운 교류로 이어져 풀뿌리 민주주의가 꽃을 피우고 지방자치도 발전하게 될 것이라 확신이 든다. 성년이 된 지방의회. 다 큰 자식을 못났다고 내쫓기 전에 가정교육엔 소홀함이 없었는지 생각해볼 때다. 좋은 제도를 만들어 놓고 성실하게 운영하지 못한 것을 감추듯 제도만을 탓하는 꼴이 돼서는 안된다.

(출처: 서울신문, 2012년 12월 19일 자)

중대선거구제로 공천제 폐단 줄여야

최근 지방의원 정당공천제를 폐지해야 한다는 목소리가 높다. 때 맞춰 공직선거법 일부 개정법률안도 의원입법으로 발의됐다. 정당공천제의 폐단은 이미 다 아는 사실이다. 그동안 정당공천제는 지방정치가 중앙의 눈치만 보게 만들어 풀뿌리 민주주의 실현이라는 지방자치제의 취지를 무색하게 했다. 공천권 행사에 대한 잡음과 비리는 국민으로 하여금 지방정치에 염증을 느끼게 했고, 이로 인해 지방의회 폐지론이 등장하기도 했다. 지방의원으로서 이번에도 시행착오가 되풀이되면 안 된다는 생각을 갖는다. 그동안 기초 지방의회 선거제도가 여러 차례 개정과정을 거쳤으나 제도마다 많은 문제점을 낳았기 때문이다. 소선거구제였다가 특정 정당의 독식을 방지하겠다는 취지에서 중선거구제를 도입했고, 다양한 계층의 인물들을 지방의회에 참여시키기 위해 비례대표제를 도입했다. 그러나 중선거구제는 양당의 나눠 먹기식 형태를 만들었고, 비례대표제는 다양한 계층이라기보다는 여성에게 편중됐고, 공천권 행사에도 잡음도 끊이지 않았다.공천제 폐단을 고치기에 급급해 법만 개정해서는 안 된다. 지방의원 선거에 있어 정당공천제가 폐지되면 지역 토호세력이 지방의회를 점령하게 돼 지방정치가 후퇴할 것이라는 우려도 있다. 공천과정에서 정당이 검증하고 책임 추천하던 경로가 없어질 뿐 아니라 난립하는 현상을 보일 것이라는 지적도 나온다. 이러한 예견되는 폐단을 줄이기 위해서는 중대선구제가 도입돼야 한다. 기존 선거구를 2~3개 합쳐서 4~6명을 득표 순서에 따라 선출하는 방식이다. 적게는 10여명에서 많게는 20여명의 후보 중에 선출하는 방식이어서 선거과정에서 후보에 대한 검증이 이뤄지고, 다양한 계층의 인물이 선출되는 결과를 가져올 수 있다. 양당의 나눠 먹기식과 중앙정치에 예속되는 현상도 사라질 것이다. 이 방식을 군 단위까지 적용하기는 어렵다면 특별시와 광역시의 지방의회 선거만이라도 적용해 보는 것은 어떨까 생각한다.

(출처: 서울신문, 2013년 4월 9일 자)

지방의회 감사권 강화돼야

얼마 전 우리는 지방자치단체 공무원들의 공금횡령 사건을 접하고 경악을 금치 못한 일이 있었다. 특히 서울시 어느 자치구에서는 장애수당의 계좌이체 과정에서 26억원이나 되는 국민의 혈세를 착복한 공무원의 파렴치한 행동에 대해 담당자 1인에게 집중되어 있는 업무시스템의 문제와 내부감사의 부실성에 대한 논란이 불거진 바 있다.

그러나 이번 일은 단순히 공무원 개인의 비리로 치부해 버릴 것이 아니라 지방의회 차원에서 집행부에 대한 감시와 견제의 기능을 더욱 강화하여 이런 일이 재차 발생되지 않도록 제도적 장치의 마련이 심도 있게 모색되어야 할 것이다.

지방의회가 집행부에 대한 견제와 감시의 기능을 수행하는 방법은 여러 가지가 있을 수 있으나 가장 대표적인 것은 지방자치법 제41조에 명시되어 있는 행정사무 감사를 꼽을 수 있다. "지방의회는 연1회 시 · 도에 대해서는 10일의 범위 내에서(시 · 군 · 자치구의 경우에는 7일의 범위 내에서) 정례회 기간 중 행정사무감사를 실시한다" 라고 명시되어 있다.

그러나 공휴일을 제외하면 기초 지방자치단체의 경우 단지 5일만의 감사기간이 주어지고 있으며, 수많은 부서의 행정업무를 이처럼 짧은 기간 내에 감사한다는 것은 사실상 불가능에 가까울 뿐만 아니라 명목상, 형식상의 감사에 치우칠 수밖에 없는 실정이다.

더욱이 강서구의 경우 저소득층 생계비, 수당, 사회단체 보조금 등 민간이전 경비가 전체 예산의 약 40%에 해당하는 1,540여억 원이 편성되어 집행되고 있음을 감안하면 세부적 내역에 대한 감사는 엄두를 못 내고 있다. 이러한 미비점을 보완하기 위해 집행부에서도 주민감사청구제와 정기감사를 실시하고 있으나 주민감사청구의 경우 관심과 운영실적이 미미하고 내부감사의 경우 온정적인 방향의 감사가 될 수 있는 소지를 다분히 안고 있다.

이렇듯 지방의회의 집행부에 대한 행정사무감사는 지방의회가 주민의 대표기관으로서 권한을 위임받아 세금이 제대로 쓰여 지고 정책이 올바르게 추진되고 있음을 감시하는 지방의회의 진정한 존재의 이유라고 할 수 있다. 특히 비리와 부정의 개연성이 있는 행정업무에 대해서는 지방의원 스스로 의지를 가지고 능동적으로 대처해 나아가야 할 필요가 있는 것이다. 따라서 행정사무감사는 지방자치제도의 본연의 취지를 살리기 위해서라도 지방자치법에 기간과 방법을 명시할 것이 아니라 자치법규인 조례로 위임함으로써 각 지방자치단체가 처한 특성을 감안하여 연간 회기일수 범위 내에서 자율적으로 운영하는 것이 풀뿌리 민주주의의 이념을 실현하는데 부합할 것으로 사료된다.

※ 본 글은 필자가 2009. 4월 각 언론사에 투고한 글이다. 당시 각 언론에 특별기고로 보도되었으며, 같은 해 7월 지방자치법이 개정되어 광역단체의 경우 행정사무감사기간이 14일, 기초 지방자치단체는 9일로 감사기간이 조정되어 시행되었으며, 강서구 역시 9일간의 행정사무감사를 실시하였다.

지방의원 역량강화로 자질론 해소해야

지방의회의 역할

지방자치제에 있어서 지방의회의 역할은 매우 중요하다.

지방자치는 지방자치단체와 지방의회의 구성에서부터 시작된다. 지방자치제란 주민이 직접 지방자치단체의 장과 지방의회의 의원을 선출하고, 그 대표들이 단체와 의회를 운영하면서 주민복리를 실천해 나가기 때문이다. 이런 과정에서 지방의회는 주민의 적절한 동참을 보장하며, 논의 대상인 의제에 대한 충분한 숙의가 이루어지는 것이 또한 정상적인 의회의 모습이기도 하다.

지방의회는 주민의 대표기관이다. 따라서 예산과 결산 등의 승인과 청원과 진정 등을 처리하며, 법령의 범위 안에서 조례의 제 · 개정 및 폐지 뿐만 아니라 행정감사와 조사, 동의, 승인, 보고, 심의 등의 의회 절차를 통해 집행부를 견제하고 감시하는 자치입법과 행정사무 감사기능을 해야 한다.

분권, 원활한 수행엔 제대로 된 의회기능이 관건

최근 지방의회의 운영에 대해 개선을 요구하는 목소리가 높다. 제대로 된 지방자치를 위해 지방분권을 헌법에 명문화하여 사실상의 재정분권을 비롯한 진정한 지방분권이 이뤄져야 한다는 목소리이다.

하지만 제대로 된 지방자치를 할 만한 자격이 있는지에 대해서는 논의 대상에서 벗어나 있다는 것이 문제가 아닌가 한다. 제대로 된 지방자치를 하겠다며 분권을 요구하는 의도에는 지방의 발전이란 명제가 깔려있다. 지방으로 제대로 된 권한을 위임하여 지역의 관심 사안은 지역주민이 스스로 결정하고 해결하도록 해야 한다는 취지이다. 상명하달식의 중앙집권적 형태는 지역특색을 제대로 살릴 수 없을 뿐 아니라 획일화된 지침과 방식으론 지속적인 지방화는 요원하다는 것이다.

그렇다면, 요구하는 지방분권이 현실화되면 지역특성을 반영한 지역 특화사업이 분주해질 것이 분명하다. 지역 특화사업이란 현판을 내걸고 주민복리를 위한 사업이라며 추진하여 실패한 사례를 우린 흔히 보아왔다. 모두가 방만한 경영을 했기 때문이다. 문제를 장기적이고 객관적인 잣대로 보지 않고 유권자들의 표만을 의식한 인기 영합적 잣대로 판단했기 때문이다. 앞으로 이런 일들이 종종 매스컴을 타지 않을까 하는 우려가 든다.

지방자치단체가 사업에 실패를 하면 그 피해는 고스란히 주민에게 돌아간다. 주민에게 미치는 영향은 크다는 인식을 새삼 해야 할 필요성이 있는 시점이다.

앞서 언급한 지방의회 역할을 제대로 소화한다면 이런 문제는 기우에 불과할 것이다. 하지만 작금의 우리 지방의회는 그렇지 못하기 때문에 식자들의 우려와 논의가 끊이지 않고 있는 것이다.

지방의원은 지방자치단체 공무원을 상대할 때, 과장이나 팀장을 일반적으로 상대한다. 예 · 결산 심의나 행정사무감사를 할 때 말이다. 지방자치단체의 과장인 5급 사무관은 일반적으로 공직에 25년 이상은 근무한 베테랑들이다. 6급 팀장만 해도 적어도 15년 내지 20년은 근무한 사람들이다.

우리 의원들은 어떤가. 의회 구성의 절반이 초선으로 운영될 때도 있다. 3선 이상으로 이어지기가 쉽지 않다. 지방의원으로 들어와 고작 며칠 정도 교육을 받는 것이 전부인 실정에서 의정활동을 시작하기 일쑤다. 더욱이 평소 의정활동에 사명감과 확고한 소신이 있어서 입문한 것이 아니라, 국회의원 등 중앙정치인들을 돕거나 지역에서 단체 활동을 하다가 지방의원이 된 경우가 대다수이다.

이러한 조직으로 집행부의 견제와 감시기능이 제대로 이뤄질 수 있겠는가. 그렇다보니, 의정활동 중에 호통과 욕설 등 꼴불견 추태가 난무하고 개인적 이해관계가 직결된 민원을 해결하기 위해 권한을 휘두르고 있다는 비판을 받고 있는 것이다.

지방의원의 역할 강화가 필수

제대로 된 지방자치가 실현되려면, 지방분권 이전에 지방의원의 자질과 역량이 강화돼야 한다는 생각이다.

20, 30년 된 지방자치단체 공무원도 예산을 편성할 때는 예산편성지침을 숙달하고 일에 임한다. 그런 집행부 공무원이 편성한 예산을 심의하면서 지침서 한번 제대로 읽어 보지 않았다면 그것이 지방의원의 자질이 있다고 보는가. 예산은 한 해 동안 세입 가정하여 세출 예산을 편성한다. 지방자치단체의 세입구성에는 어떠한 것들이 있는지 정도도 파악하지 않고 세출을 따지겠다는 발상은 재단도 하지 않고 바느질을 하겠다며 덤비는 것과 다를 바가 없다.

지방의원 역량강화를 위한 정규학교의 신설을 정부에 요구한다. 최소한 6개월, 가능하다면 1년 정도의 과정을 이수할 수 있는 학교가 신설돼야 한다. 그래서 이런 과정을 이수한 사람에게 지방의원으로 입후보할 자격을 주는 방안이 마련돼야 한다. 더 나아가 이수한 사람을 대상으로 지방의원 입후보 자격시험을 쳐 소정의 자격을 부여하는 것도 생각해볼 만하다. 교육 이수와 자격증 취득의 과정에서 지방의원의 역할이 무엇인지 제대로 인지되고, 지방의원으로서의 자질이 갖춰지게

될 것이다. 이런 방법이라면, 최근 거론되고 있는 지방의회 입법지원관 또는 보좌관 제도도 불식될 것으로 보인다.

정약용의 목민심서에도 이런 말이 있다.

"벼슬은 구할 수 있으나, 목민관을 하겠다고 구하는 것은 옳지 않다."

이것은 목민을 하겠다는 사람의 정신자세와 바른 태도가 무엇인지 알려주는 말이다. 목민을 하겠다는 사람은 모름지기 투철한 사명감과 역할에 대한 의지가 있어야 한다는 의미이다. 대충 국회의원 꽁무니만 따라다니던 정치낭인이나 개인의 욕심에 단체 활동을 하다가 추종 세력의 힘에 의해 지방의원이 된, 이러한 경우로는 진정한 지방자치가 요원하다.

(2016년 11월 필자의 등촌동 누옥에서)

예산 심의의 중요성에 대해

지방자치가 이상적으로 이뤄지려면 지방자치단체의 양대 기관인 지방의회와 지방자치단체의 관계정립이 무엇보다도 중요하다. '민주국가에 있어서 민주화의 핵심은 의회다'라는 말이 있다. 주민의 대표기관인 의회의 감사와 감독 기능을 통해 지방행정의 민주성과 효율성을 확보하며 민주주의를 실현시켜야 한다는 의미이다. 이와 같이 이상적인 지방자치가 실현될 때 지역 민주주의도 이뤄지며, 민주화가 성숙되고 있는 형태가 바로 지방자치단체의 양대 기관의 균형과 조화라는 모습으로 나타난다.

그렇다면 이상적 지방자치에는 지방의회와 지방자치단체의 성숙한 균형과 조화가 전제되어야 한다. 그러기 위해서는 의회의 기능 중에 예산심의 · 의결기능이 무엇보다도 가장 적절히 수행돼야한다.

예산의 심의 · 의결은 집행부가 작성한 예산안을 의회가 심사하여 확정하는 것이다. 예산의 심의과정에서 집행부가 제안한 사업과 그 사업을 지원하기 위한 재원을 재검토하고, 사업의 타당성을 따져서 불요불급한 예산을 가려내어, 예산의 총액을 결정하는 과정을 통해 민주주의가 실현돼 가는 것이다. 이는 주민대표기관인 의회의 예산심의는 주민주권의 원리에 의한 것이며, 이런 기능을 통해 집행부의 권한이 분립되고 견제와 균형이 유지되는 것을 말한다. 따라서 예산을 심의하여 확정하는 과정도 소관 상임위의 심사를 거쳐, 예산결산위의 종합심사를 또 거치고, 본회의에 부의되어 최종 확정되는 복잡한 과정을 거치

는 것이다.

세입과 결산승인도 세출예산 심의의 잣대로 삼아야

그런데 지금의 기초 지방자치단체 의회는 어떠한가? 이렇게도 중요한 예산의 심의를 전문적인 지식은 고사하고 집행부가 작성한 예산안 또는 설명서를 '수박 겉 핥기' 식으로 보고 임하기가 일쑤다.

실정이 이러다보니, 세입예산을 따져 묻는 이는 없다. 세출예산은 세입을 추계하여 편성한다. 자금이 어떻게 만들어지고, 자금의 출처에는 어떠한 것이 있는 정도는 알고 세출예산 심의에 덤벼들어야 한다고 본다. 물론 집행부가 세입추계를 제대로 하여 세출을 짰겠지만, 만약 국 · 시비 보조금에 대해 계상을 잘 못했거나, 세입계상을 과다하게 했다든지 했을 경우에는, 적자 재정운영으로 주민에게 큰 부담을 안기는 행정을 의회가 방조한 꼴이 된다. 따라서 세입정도를 따져보는 것이 세출예산 심의의 시작이라고 보는 견해도 있다.

그리고 결산승인도 중요하다. '이미 쓴 돈 뭐가 그리 중요하냐.'고 반문하는 이도 있다.

결산승인이란 전년도 예산이 적절히 집행되었는지를 의회가 확인하여 승인하는 절차이다. 의회는 결산검사를 위한 대표의원을 선출하고 전문성을 갖춘 퇴직공무원과 세무사, 회계사 등 전문가로 검사위원회를 구성하여 운영한다. 이 위원회의 검사에 의해 나온 것이 결산검사 의견서이다. 따라서 이 의견서는 결산 전문가의 의견이다. 바로 내년도 예산심의 단초가 될 수 있다는 것이다.

예산은 많은 부분이 연속선상에 있다. 물론 신규 사업도 많다. 하지만 그 신규 사업도 지금까지 해오던 많은 사업과 유형이 비슷한 것이 허다하다. 전문가가 제시한 전년도 예산결산검사서만 꼼꼼하게 챙겨보아도 예산심의를 어떤 관점에서 보아야할지 안목이 서는 것이다.

예산심의 전문가적 솜씨를 발휘해야

우리나라 의회는 비례대표제를 채택하고 있다. 비례대표제란 정당의 득표수에 따라 의석을 배분하는 제도이다. 이는 사표를 줄이고 소수에게 의회 진출의 기회를 줌으로써 정당정치를 실현하겠다는 의도가 깔려있다. 뿐만 아니라 비례대표의 명부를 사전에 작성해놓고 투표에 임함으로써 유권자의 표심에 의존하는 경향도 있다고 볼 수 있다. 직능대표제를 일부 가미하고 있다고 볼 수도 있는 것이다.

지방의원의 전문성을 누누이 강조한 바 있다. 예산심의에 있어서 전문성이 무엇보다도 필요하다. 필요한 사업이 건설일 수도 있고, IT기술일 수도 있다. 필요한 품목이 환경관련일 수도 있고, 소방설비일 수도 있다. 행정이 이렇게 복잡다양하게 발전하는데도 지방의원의 전문성은 제자리에 머물러 있다. 직능대표제를 확대하여 전문성을 강화하자는 말이 아니다. 가능하다면 비례대표를 직능화하여 지방의원의 전문성에 일조하자는 의견이다.

지방의원 개인의 전문성에 대한 노력도 필요하다. 요즘 인터넷만 뒤져도 건설, IT, 환경, 소방할 것 없이 다양한 정보가 쏟아진다. 예산심의를 하면서 당해 사업에 대해 정보조회나 전문서적을 검토하는 태도가 일반화되어야 한다. 관련 전문가에게 전화만 해보아도 정보를 취득할 수 있다.

필자는 예산심의에 들어가기 전에 예산편성지침서를 읽는 것이 습관화되어 있다. 초선일 때부터 지금까지 이 지침을 30번 정도 읽었다. 어느 지방의원이 필자가 가지고 있는 지침서를 보며, '어느 고교생 참고서를 보는 듯하다'는 말을 한 적이 있다. 초선 때 지침서를 20번 읽은

이후론 매년 지침서를 두세 번 읽는 것으로 만족해왔다.

의회의 예산심의가 지방자치에 있어서 가장 중요한 기능이라고 누구든지 생각한다. 그런데 그런 중요기능을 수행하려면 어떻게 해야 하는지 생각하고 실천하는 지방의원은 몇 안 되는 것이 너무도 안타깝다.

예산 심의과정에서 자신의 지역구 사업을 쪽지예산으로 반영하기 위해 집행부가 작성한 예산안을 정확한 기준도 없이 칼질하거나, 적당히 칼질할 곳을 던져달라며, 흥정하는 이런 꼴불견이 사라져 책임의정이 행해지기를 기대해 본다.

(2016년 12월 예산안 심의를 마치며)

지방분권,
멈출 수 없는 숙명

지방자치란 지역의 일은 지역주민이 직접 처리한다는 민주정치의 가장 기본적인 요구에서 비롯됐다.

'지방자치는 민주주의 최상의 학교이며, 민주주의 성공의 보증서' 라는 거창한 수식어나 학문적 명제를 붙이지 안더러도 누구든지 지방자치의 중요성을 잘 알고 있다. 지방자치는 수도권과 지방의 불균형, 중앙집권적 권한 등의 문제점을 해소하여 지방의 균형발전과 삶의 질 향상을 꾀해 탄탄한 국가발전의 원동력이 되도록 하겠다는 취지의 발상이다.

하지만 우리나라의 지방자치를 보면, 생각은 있으나 진정한 노력이 없어 성적표가 없는 겉치레에 불과하다는 생각이 든다.

역사가 주는 교훈으로 난관을 타개하야

우리나라 지방자치의 발전상을 살펴보면, 1949년 7월 제헌국회를 통해 제정된 지방자치법을 근간으로 하고 있다. 이 법에 의해 의결기관(지방의회)과 집행기관(자치기구)을 두기로 하고, 시 · 읍 · 면장은 지방의회가 선출하도록 한 것이 지방자치의 시작이었다. 이 법 또한 여러 가지 이유로 시행이 보류됨으로써 지방자치는 난관을 맞기도 했다. 이후 지방자치법이 몇 차례 개정을 거치면서 결국은 주민자치라는 본래의 의미가 상실됐다. 4 · 19혁명 후에도 지방자치법이 개정되면서 지방의회와 지방자치단체장 선거를 실시하기도 했으나 이 또한 5 · 16군사

혁명 이후 지방의회가 해산됨으로써 또 위기를 맞았던 것이다. 이후 제6공화국 출범하면서 다시 지방자치가 태동하기 위한 움직임이 시작되었다. 하지만 6공화국의 지방자치는 지방의회만 있고 지방자치단체는 구성되지 못한 불구적 형태로 출발했으며, 전면적인 지방자치는 문민정부가 출범한 후에 실시된 1995년 6월 27일 4대 지방선거(기초의회, 광역의회, 기초단체장, 광역단체장)에 의해 지방자치가 본격화됐다고 보는 것이 일반적인 견해다.

그러나 권력분산의 측면에서 볼 때 지금까지의 지방자치는 완전하지 못했다. 남북분단의 특수한 상황 때문에 지방으로의 권한 이양은 행정권 일부에 한정될 수밖에 없었고, 선진국의 지방자치처럼 경찰권 등 물리력을 가진 권력기구의 분산은 요원한 상태이다.

이런 실정에서 최근 문재인 정부가 '새 정부는 수도권과 지방이 함께 잘 사는 강력한 지방분권 공화국을 목표로 삼고 있다'고 표방하면서 흔들림 없는 지방분권을 추진하겠다는 강력한 의지를 보이고 있다. 문재인 대통령은 후보시절부터 지방분권과 균형발전을 헌법에 보장하겠다고 주장하면서, 자치입법, 자치행정, 자치재정, 자치복지 등 4개의 지방자치권을 보장하겠다고 공약한 바도 있다. 따라서 이번 지방분권에 대한 의지는 구호로만 끝나지는 않을 것이란 기대가 크다.

진정한 분권은 재정자치로부터

필자는 지방자치권 중에 재정자치권이 가장 중요하다는 생각이다. 지금의 지방자치도 재정적인 예속이 심각한 수준이다 보니 제대로 된 지방자치가 아니라는 평가를 받고 있는 것이다.

국세와 지방세의 비율만 보아도 8:2 수준이다. 그렇다 보니 기초 지방자치단체의 경우 예산을 편성하다 보면 70% 이상이 보조금과 조정교부금으로 충당된다. 당연히 광역지방자치단체나 국가에 의존하지 않을 수 없는 실정이다. 그리고 복지관련 국가사업이 대부분 지방비와 합쳐(매칭)서 집행되도록 구성되어 있다. 말이 자치행정이지 정부의 주도대로 예속된 상태인 것이다. 이러다 보니 자체적으로 운영할 수 있는 재원이 적어 자체적으로 주민의사에 따라 지역적 특수사업은 엄두도 내지 못하는 실정이다. 지역일은 지역이 해결하겠다는 민주주의 기본적인 요구에서 비롯된 지방자치의 취지를 무색하게 하는 부분이다. 따라서 재정자치가 가장 잘 이뤄져야 진정한 지방자치가 이뤄진다.

다행히 이번 정부는 지방분권을 헌법에 규정하여 보장하겠다는 의지를 보이고 있어 지방의회 의장인 한 사람으로서 매우 다행이란 생각이다. 무엇보다도 지방분권을 이번 개헌 투표에 붙이는 데에 힘을 보태기 위해 전국 시 · 군 · 구에서 지역추진위원회가 구성되고 국민적 운동으로 힘을 모으고 있어 필자가 원하는 방향의 지방분권이 보이는 듯하여 매우 흐뭇하다.

하지만 우려되는 바도 있다. 힘이 있는 곳에 문제도 있다는 말을 잊어서는 안 된다. 지금의 지방의회와 지방자치단체를 보면 그렇다. 지방의원과 지방자치단체장의 자질을 의심하게 하는 점들이 비일비재하다. 권한이 부여된다고 지방자치가 뚝딱 이뤄지는 것은 아니다. 성숙한 집행이 무엇보다도 중요하다. 인기에만 영합한 지방자치단체장과 역할이 무엇인지 도외시하고 군림만 하려는 지방의원이 이제 의회와 단체에 발을 붙이지 못하도록 시민의 현명한 판단이 필요한 시점이다.

(2017년 10월 강서구의회 의장실에서)

의장이 바로 서야
의회가 바로 선다

'알아야 면장을 하지' 라는 말이 있다. 어떤 일이든 그 일을 하려면 그것에 관련된 학식이나 실력을 갖춰야 한다는 것을 비유적으로 일컫는 말이다.

의회란 주민의 대표기관이다. 지역의 중요사항을 주민의 대표란 지방의원들이 최종적으로 심의 · 결정하는 최고의 의결기관인 것이다. 이런 의회는 예산 · 결산의 승인 등의 의결기능과 조례를 제 · 개정하는 입법기능 그리고 집행부를 감시 · 감독하는 통제기능, 주요현안에 대해 청원 및 의견을 교환하는 조정기능을 갖는 등 막중한 권한을 주민으로부터 부여받고 있다. 이런 기능이 있기에 의회를 구성하는 지방의원 개개인의 역량의 중요성에 대해 무수히 많은 언급이 있었다. 이런 의회와 그 구성원을 대표하는 의장의 책임과 권한 또한 무엇보다도 중요하다. 의회와 구성원이 제대로 역할을 하는데 의장의 역량이 차지하는 비중이 크다는 뜻이다.

의장의 역할이 의회기능의 잣대

면장도 알아야 하듯이, 의장이 되려면 이 또한 의장의 역할을 제대로 알아야 한다.

어느 기초 지방의회든 마찬가지겠지만, 강서구 의회 의장은 무기명 투표로 선출된다. 재적의원 과반수의 출석과 출석의원 과반수의 득표로 뽑는다. 그래서 의장은 의원들에 의해 선출되었기에 의회라는 기관을 대표하는 의회대표권을 부여받는다. 외부에 대해 의회를 대표하는 기능인 집회공고, 의결된 의안을 지방자치단체장에게 이송 등의 대표로서의 권한을 가진다. 그리고 의사정리권도 가진다. 의회가 능률적이고 합리적으로 회의를 진행하도록 개의 · 폐의 · 발언조정 · 표결 등 여러 가지 의사정리권이 있다. 이 외에도 의회의 회의장 내 질서를 위한 질서유지권과 의회 내의 사무를 지휘하고 감독할 권한인 의회사무감독권을 가진다. 이러한 의장의 권한이 공정하게 집행 · 유지될 때 지방의원 개개인의 역할과 의회기능이 제대로 유지되고 십분 발휘되는 것이다.

권위의식 내려놓고 본연의 임무에 충실해야

그런데 지금의 현실은 그렇지 못하다. 의장이 무슨 큰 벼슬인양 거들먹거리기가 일쑤이고, 의사진행에 있어서도 정파적이며 독선적인 경우가 허다하다. 이는 의회 회의규정을 제대로 숙지하지 않았든지, 의장으로서 공정하고 원만하게 회의를 진행할 역량이 부족한 인사가 의장을 맡고 있기 때문이라고 생각한다. 그 예로 의장 선출과정에서 능력이나 자질에 상관없이 쪽수놀음과 비리로 얼룩진 의장선거전이 언론보도의 도마에 오른 적도 있었고, 풀뿌리 민주주의를 지향하는 기초 지방의회에서는 있어서는 안 될 정파 간 담합에 의해 의장이 선출되는 등 여론의 몰매를 맞은 적도 있다. 이토록 의장을 하려는 의도는, 의장이 갖는 권한을 의원들의 공정한 의정활동을 위해 쓰기보다, 그 권위와 지위를 활용하려는 의도가 다분히 많았기 때문이다. 그야말로 의장을 하려는 자들이 젯밥에만 눈이 어두워 있다는 것이다. '알아야 면장을 하지'란 비아냥거림을 들을 만도 하다. 의장이 먼저 공부하고 법과 제 규정을 숙지하고 준수하여야 마땅하다.

의장선출에 있어서 철저한 무기명 비밀투표가 보장되어야 하고, 2년 단임제가 아닌 중임제가 보장돼야 한다. 의장으로서 제대로 역할을 했다면 또 평가를 받아 재신임도 받을 수 있도록 한다면 단임제일 때보다 권한에 대한 책임감에 무게가 더 실어질 것이라 생각한다.

(2017년 12월 임시회 본회의를 마치며)

집행부 공무원의 시각을 반면교사로 삼아야

꼴불견 의원이라는 뒷담화

지방의원 뱃지를 단 순간부터는 진솔한 공무원들의 이야기는 들을 수 없다. 지역에서 이런저런 관공서의 일을 보며 공무원들과 각별한 사이였는데도, 뱃지를 단 순간부터는 더는 친한 관계라는 친분의 설정이 어려워지고 공무원의 태도도 예전같이 않다는 말을 많이 듣는다. 이런 관계 설정은 지방의원들이 자초한 것임은 분명하다. 그동안 뱃지를 달면서 권위에 찬 행동을 얼마나 했는지 보여주는 대목이다.

이런 설정에서 진솔한 얘기는 들을 수 없으나 뒷담화는 들을 수 있다. 한 다리 건너 집행부 공무원과 친분이 있는 주민을 만나 얘기를 들어 보면 자신이 의정활동을 하면서 공무원들에게 어떤 평가를 받고 있고, 또 동료의원은 어떤 모습인지를 파악할 수 있을 것이다.

필자의 경우, 가끔 집행부 공무원과 친한 주민들과 식사 자리를 종종 가지면서 공무원들의 생각을 읽을 수 있었다. 이런 자리에서 매번 느끼는 것이 지방의원의 역량강화라는 점이다. 의원들 앞에서 직접 말하진 않지만 그들은 우리 의원들이 어떻게 의정활동을 해야 하는지를 자세히 꼬집고 있었다. 아니 어떻게 잘 해야 한다기보다 추태만 부리지 않아도 의정활동이 절반은 성공적이라는 평가를 할 수 있다는 것이다. 이런 측면에서 필자는 집행부 공무원들이 말하는 꼴불견 지방의원의 사례를 나열해보고자 한다. 단지 이런 추태는 근절돼야 한다는 생각에서이다. 이건 특정 지역만의 이야기가 아니라 일반적인 이야기다.

공무원들의 뒷담화에서 나온 꼴불견 지방의원은 대략 네 가지로 사례로 분류된다. 이권에 적극 개입하는 타입, 규정을 무시하도록 강요하는 타입, 권위주의에 젖어있는 타입, 사욕에 사로잡힌 타입 등이다.

이권에 적극 개입하는 의원

지방의원들은 구청의 과장이나 팀장을 불러 이런저런 것을 잘 봐달라는 주문을 종종한다. 구매나 용역에 있어서 특정업체와 계약을 하도록 하거나 특정 사업을 특정 이해관계인에게 유리하게 적용되도록 요구하는 일이 흔히 있다. 이때 그런 요구를 받은 공무원들은 공개입찰이니, 조달구매이니, 관련 규정 위배이니 등등의 사유를 대며 거절한다.

하지만 지방의원의 부당 요구는 이 선에서 그치면 다행이다. 행정사무감사나 예산심의 등의 일반적 의정활동에까지 연결시켜 영향력을 행사하려고 하고 있어 집행부 공무원들을 난감하게 한다.

이러한 압력행사가 먹히지 않을 때는 회유책도 동원된다. "부당한 압력이라 생각되면 안 해도 되고, 부당하게 하라는 요구는 절대 아니다. 가급적 같은 경쟁이라면 편의를 봐줄 수도 있지 않느냐."며 간접적인 시사임을 강조한다. 공무원들을 더욱 난감하게 하는 대목이다. 심지어 의원실에 업자가 함께 있는 자리에서 업자 앞에서 자신의 입장을 세워달라며 요구하기도 한다.

만약 이런 일련의 제의를 거절하면, 내년도 예산심의 때 관련 예산의 집행을 집요하게 따져들기도 하고, 소관부서의 예산심의가 전반적으로 몰매를 맞는 경우도 종종 있다. 심지어 '꽉 막혀 융통성이 없는 공무원'으로 인신공격까지 일삼는 경우도 있어 치졸하다는 표현까지도 나온다.

규정을 무시하도록 강요하는 의원

지방의원은 법률에 의해 선출됐다. 법령을 제정하는 주요업무를 졌기에 누구보다도 법령을 준수해야 하는 사람임에 틀림없다.

하지만 실상을 그렇지 못하다. 해당 지방의원은 구청의 처분에 문제를 제기한 쪽의 의견만을 일방적으로 믿고 마치 구청이 합법적으로 집행을 하지 않은 것처럼 우격다짐을 하곤 한다. 구청의 처분에 대한 불신과 불만만 더욱 키우고 끝내는 법의 신뢰성마저 떨어뜨리는 행위에 동참하는 꼴이 되고 마는 것이다.

이러한 문제에 있어서 객관적인 잣대가 되기 위해서는 무엇보다도 법률에 입각하여 종합적으로 판단해야 옳다. 그런데 처분에 대한 불만에만 고조되어 객관성을 결여한 행태로 고성과 윽박지르기 등으로 공무원의 처지를 난처하게 하는 경우가 종종 발생한다. 지방의원으로서의 자질, 의정활동의 전문성 강화가 시급하다는 안타까움이 드는 대목이다.

권위주의에 사로잡힌 의원

지방의원 뱃지를 다는 순간부터 대접을 받으려는 이가 너무도 많다. 대접을 받으려는 이에 대한 대접소홀은 뻔한 결과로 돌아온다. 이는 지방의원 뱃지가 국회의원이나 지역 위원장의 꽁무니를 따라다니며 온갖 아부를 부리고 얻은 결과물이기에 그런 습성을 가진다는 생각이 든다. 보고 배운 것이 그런 것밖에 없다는 것이다.

지역행사에 참여하여 소개순서나 자리배치가 잘못 되었다고 따지는 지방의원, 이런저런 사업에 있어서 사전에 자문이나 보고가 소홀했다고 호통을 치는 지방의원, 관계공무원이 해당 지역구 지방의원이 누구인지 몰랐다는 이유로 인사 조치를 요구하는 지방의원 등등 문제를 제

기하며 모든 사안을 의회를 경시하는 처사라며 꾸짖는다.

의회를 스스로 경시하도록 품위를 손상시키는 행위가 아닌지 되묻고 싶다는 생각이 든다. 의회는 주민의 대표기관으로 맡은 바 의무가 있다. 그 의무를 충실히 그리고 제대로 수행했을 때 주민으로부터 존경과 신뢰를 받게 된다. 아무 데에서나 의회를 존경하라며 추태를 부린다면 존경심이 우러나겠는가.

사리사욕에 젖은 의원

지방의원은 관계 법령을 준수하며, 사리사욕을 버리고 주민을 위해 일해야 한다고 법령은 명시하고 있다. 특정 개인이나 단체의 이익을 대변하거나 그들에게 이익이 되도록 할 목적으로 의정활동을 하면 안 된다는 의미이다.

지방의원의 친·인척이 특정사업을 하면, 그 사업과 연관되어 구청 공무원들이 꼬여든다. 이는 그 지방의원이 그렇게 하도록 유도했거나 간접적인 시사를 했기 때문에 벌어진 일이다. 가령 지방의원의 부인이 지역에서 식당을 운영한다면, 그 식당에서 각종 모임을 주선하도록 요구한다. 한두 번의 그런 요구가 있으면 아예 그 식당이 모임장소로 일반화되기도 한다. 그래야만 해당 지방의원의 억지로부터 조금은 자유로울 수 있기 때문이다. 더러워서 피해간다는 말이 어울리는 대목이다.

자신과 친분이 있는 공무원의 인사에 적극 개입한다든지(인사철이 되면 총무과장과 인사팀장은 지방의원들에게 불려 다니느라 일을 제대로 할 수가 없다는 말도 나온다), 지극히 개인적인 일에(개인 전산장비 수리, 정당 관련 잡무, 사적모임의 인사말 작성, 경조사 잡무 등)에 공무원을 동원하는 등 지방의원의 사리사욕은 도를 넘었다는 표현을 종종 듣는다.

지방의원의 자질론에 대해서는 어제오늘의 문제가 아니다. 하지만 사회 일각의 이런 문제 제기에도 불구하고 지방의원의 자질은 한걸음도 나아지지가 않는다는 평가이다. 도리어 이런 잘못된 행태가 관행인 양 초선 지방의원들도 따라 하는 경향을 보이고 있다. 지방의원 자질 향상을 위해, 입후보 대상자를 대상으로 한 교육제도 및 자격제도가 시급히 도입돼야 한다는 생각이 든다.

(2018년 2월 어느 날 4선의 의정생활을 되돌아보며)

의원이라면 BTL에 도전하라

벌써 11년이 된 민간투자법 개정으로 임대형 민자사업(BTL, Build-Transfer-Lease)이 지방자치단체의 특화사업으로 분류되고 있다.

BTL사업은 정부가 아닌 민간이 건설한 공공시설을 임대해서 사용하는 새로운 민간투자 방식이다. 즉, 민간은 공공시설을 건설한 후 국가에 소유권을 넘기고 국가는 이에 상응한 관리운영권을 민간 사업자에게 준다.

민간사업자는 짧게는 20년 길게는 30년 동안 시설관리, 청소, 경비 등 종합 임대서비스를 제공하면서 정부로부터 임대료를 받는 투자비 회수 방식이다.

반면 이미 익숙한 민자사업, 신공항고속도로, 천안-논산 고속도로, 부산 신항 컨테이너 부두 등은 BTO(Build-Transfer-Operation) 사업이다.

BTO사업과 BTL사업은 어떤 차이가 있을까. 대상시설, 민간투자비 보전방법, 수익률 수준에서 차이다.

BTO사업은 시설사용자의 사용료 수입을 통해 민간투자비 회수 방식이다. BTL사업은 사용료가 무료이거나 낮아서 BTO방식이 적용 곤란한 학교, 노인시설, 문예회관과 같은 주민편익시설의 민간투자 방식이다. 민간사업자 입장에서 투자비 회수가 안정적이고 교통량 변동과 같은 수요위험이 없는 장점이 있지만, 상대적으로 수익률은 BTO 사업보다 낮다.

BTL사업을 선호하는 이유는 상생이다. 첫 번째 BTL사업을 범정부적으로 추진하는 이유는 경기활성화 효과다. 두 번째는 꼭 필요하고 시급한 국민편익시설을 조기 제공할 수 있는 효과를 들 수 있다. 국민의 눈높이는 갈수록 높아지는 반면, 국가재정은 늘어나는 복지지출 소요 등으로 이에 미치지 못하고 있는 실정이다.

BTL사업 구조는 종전의 재정사업과 여러 가지 측면에서 차이가 있다.

첫째, 사업관리의 시계 차이다. 종전의 재정사업은 건설단계의 효율성만 강조했다. BTL사업은 설계-건설-운영 등을 망라하는 생애주기(LCC:Life Cycle Cost) 관점에서 효율성을 추구한다. 민간이 건설은 물론 20~30년간의 운영까지 책임지므로 부실공사는 원천 차단되고, 민간은 LCC 관점에서 가장 효율적인 방안을 모색하게 된다.

둘째, 정부통제의 대상이 다르다. 종전의 재정사업은 투입수단(Input)을 통제했다. 그러나 BTL 사업은 성과(Output)를 통제하게 된다. 정부는 사후평가 시스템을 통해 이러한 성과를 담보한다.

셋째, 위험분담 구조가 다르다. 종전의 재정사업에서는 정부가 사업추진 과정의 모든 위험을 부담했다. 문예회관건립때 필요성, 적정규모 등은 정부가 결정하고 책임지는 반면, 건설에 필요한 공법, 사업비, 기간 등은 민간이 제시하고 책임지도록 한다. 영국, 일본, 호주 등 전 세계 80여 개국에서 BTL방식의 민간투자사업을 추진하고 있는 이유다.

지방자치단체에서 BTL제도가 성공적인 모델로 자리 잡기 위해서 가장 중요한 것은 변경된 역할에 상응한 사업 참여자의 체질변화와 노력이다.

의회의 역할론으로 지방자치단체와 투명한 협력과 의결을 거쳐, 집행부와 톱니바퀴처럼 맞물린 자율과 책임의 BTL사업을 추진하기 위해

노력할 필요가 있다.

민관 산학연 관계의 BTL방식은 사업 참여자의 협조와 노력 속에 우수한 민간투자모델들을 많이 쏟아내야 한다.

주의할 점이 있다. 서울수도권 외곽순환고속도로 경우다.

통행료가 높게 책정이 되어 민원이 끊이지 않아 시민들의 반발이 컸다. 연구용역비 산정이 잘못돼 발주처와 시공사의 규합으로 문제가 발생해 진통을 겪었다. 원인은 발주처, 시공사, 연구용역 등의 사전 검토 부실이다. 사전 타당성이 충분하지 않아 BTL방식에 오점을 남겼다.

지방의원의 입장에서 지역경제활성화와 지역주민들의 삶에 도움이 된다면 BTL사업에 눈여겨 볼 대목이다.

BTL의 장단점 비교표

수익형 민자사업(BTO)	추진방식	임대형 민자사업(BTL)
도로 철도 항만 등 사용료 수입 투자비 회수 가능 시설	대상시설	교육 · 문화 · 복지시설 등 사용료 수입 투자비 회수 어려운 시설
이용자의 사용료	투자비 회수	정부의 시설임대료
높음(수요 따라 수익률 변동)	사업 리스크	낮음(정부가 수익률 보장)

출처: 고양시 공일회
(2018년 1월 15일 의장실에서)

지방의회의 미래 청사진

지방의회 부활 26년차. 지금 지방의회의 모습은 어떠한가.

지방의회가 부활된 이후 지방자치법에 규정된 주민대표기관, 의결기관, 입법기관 및 집행기관의 감시기관으로서 기능과 역할을 어떻게 수행해 왔는지 들여다 볼 필요가 있다

지방자치는 작은 정부라 할 수 있다. 중앙정부의 고유업무를 덜어주고 균형적인 발전과 지역주민의 수요를 적절하게 충족시켜 줌으로써 주민의 복지 증진과 삶의 질을 올리는데 있다. 이 중심에는 지방의회의 역할이 있다. 지방정부는 지방의회와 집행기관과 하나다. 견제와 균형의 원리에서 보는 지방의회는 지방정부의 정책을 결정하고 집행기관은 지방의회에 의해 결정된 정책을 집행하도록 돼있다.

우리나라는 지방자치권을 제약하는 많은 법령이 왜곡되거나 역행하는 경우도 많았다. 지방자치권 보장이 미흡해 혼란으로 중앙정부와 보이지 않는 충돌이 있었다. 이 모든 것들이 취약한 행정과 재정분권, 지방의회에 비해 집행기관의 우월적 지위와 권한 남용으로 지방의회가 소기에 역할을 다 수행하지 못하고 집행기관에 끌려가다 회기를 마치는 경우가 수도 없이 많았다.

주민들이 요구하고 바라는대로 행정서비스는 나아졌을까. 이를 기대치에 맞게 부응하기 위해 집행기관과 지방의회는 제 역할 즉 본분에 충실하여 성심껏 회기를 낭비하지 않았는지 되돌아 봐야 한다.

지방의회가 지방자치법에 규정된 주민대표기관, 의결 및 입법기관,

감시기관으로서 기능과 역할을 평가하고 개선안을 제시할 때다.

사실상 지방정부의 기관 구성형태가 우리나라와 유사한 기관대립형을 채택하고 있는 선진국 지방자치 관련법까지도 들여다 볼 필요성이 있다. 이는 주민들의 의식과 욕구수준이 선진국에 버금가게 높아졌으며 시민정신과 법치에 대한 의존도 또한 높아졌기 때문이다.

지방자치와 지방의회의 사이는 중앙정부가 있는 것이 아닌 지역주민들을 주인으로 섬겨야 할 목적이 있어서다.

(2018년 2월 4선의 임기를 마치며. 강서구의회 의장실에서)

부 록

이영철의 지방자치 아카데미: 예산결산심사기법

서 구 의 회
모의의회

지방의원 역량강화를 위한 의원 세미나
예결산의 심사기법
강서구의회 의장 이 영 철

왜 의원을 하려고 하는가?

權限
*권리: 자신을 위하여 가지는 법률상의 이익
*권한: 타인을 위하여 법률적 효과를 발생시킬 수 있는 일정한 지위 또는 자격
구의원에 주어진 권한은 집행부를 견제하고 감시 비판 하기 위하여 행사하여야 한다. 비판, 지적, 감시는 주민의 복리 증진, 구정발전에 기여하여야 한다.

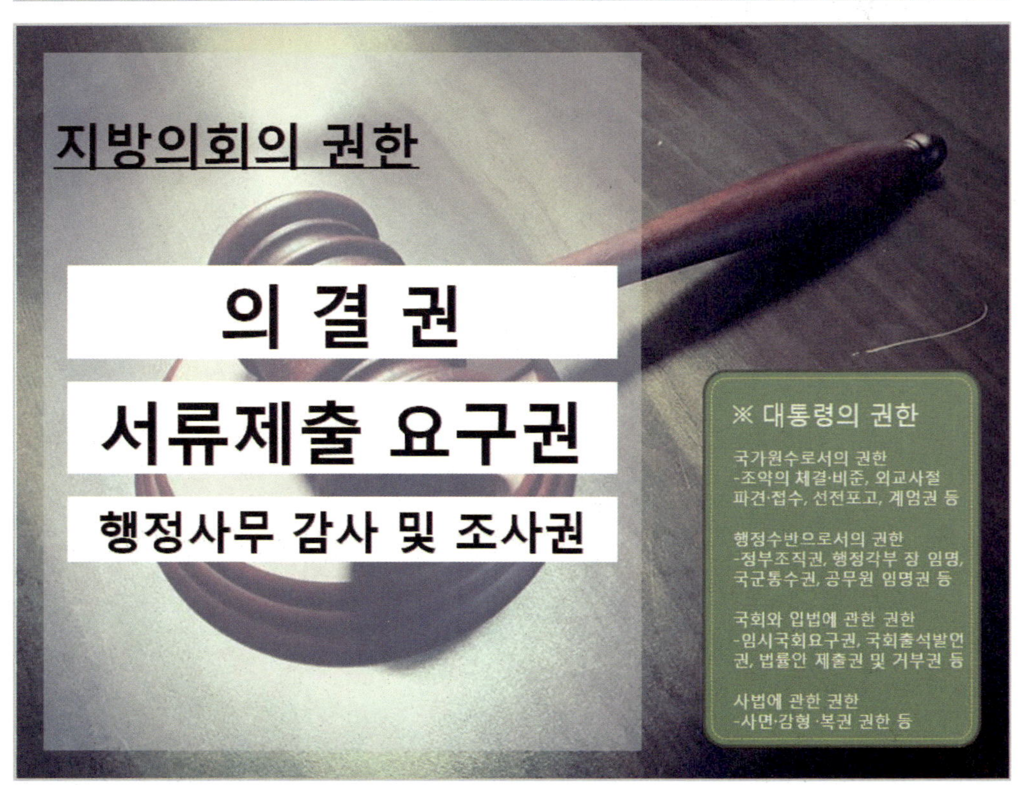
지방의회의 권한
의 결 권
서류제출 요구권
행정사무 감사 및 조사권
※ 대통령의 권한
국가원수로서의 권한
-조약의 체결·비준, 외교사절 파견·접수, 선전포고, 계엄권 등
행정수반으로서의 권한
-정부조직권, 행정각부 장 임명, 국군통수권, 공무원 임명권 등
국회와 입법에 관한 권한
-임시국회요구권, 국회출석발언권, 법률안 제출권 및 거부권 등
사법에 관한 권한
-사면·감형·복권 권한 등

지방의회의 권한 (지방자치법 제5장 제3절)

지방자치법 제39조 (지방의회의 의결사항)

지방자치법 제40조 (서류제출 요구)

지방자치법 제41조 (행정사무 감사권 및 조사권)

5/61

지방의회의 권한 (지방자치법 제5장 제3절)

지방자치법 제39조 (지방의회의 의결사항)

① 지방의회는 다음 사항을 의결한다. **※ 제한적 열거주의**

1. 조례의 제정·개정 및 폐지
2. 예산의 심의·확정
3. 결산의 승인
4. 법령에 규정된 것을 제외한 사용료·수수료·분담금·지방세 또는 가입금의 부과와 징수
5. 기금의 설치·운영
6. 대통령령으로 정하는 중요재산의 취득·처분
7. 대통령령으로 정하는 공공시설의 설치·처분
8. 법령과 조례에 규정된 것을 제외한 예산외의 의무부담이나 권리의 포기
9. 청원 수리와 처리
10. 외국의 지방자치단체와의 교류·협력에 관한 사항
11. 그 밖에 법령에 따라 그 권한에 속하는 사항

② 지방자치단체는 제1항의 사항 외에 조례로 정하는 바에 따라 지방의회에서 의결되어야 할 사항을 따로 정할 수 있다.

6/61

지방의회의 권한 (지방자치법 제5장 제3절)

지방자치법 제39조 (지방의회의 의결사항)

지방자치법 제40조 (서류제출 요구)

위 규정에 따라 의원은 집행부에 대해 모든 자료를 요구할 권한이 있음

→제출 받은 자료를 통하여 구정을 파악

→**개인정보 보호법** 제6조(다른 법률과의 관계) 개인정보 보호에 관하여는 "다른 법률에 특별한 규정이 있는 경우를 제외하고"는 이 법에서 정하는 바에 따른다.

7/61

지방의회의 권한 (지방자치법 제5장 제3절)

지방자치법 제39조 (지방의회의 의결사항)

지방자치법 제40조 (서류제출 요구)

지방자치법 제41조 (행정사무 감사권 및 조사권)

→매년 1회 그 지방자치 사무에 관하여 시의회는 14일, 기초의회는 9일의 범위 내에서 감사를 실시. (※국회 국정감사 30일-국정감사 및 조사에 관한 법률 제2조)

→행정사무감사는 구정전반

→ 특정사안에 관하여 본회의 의결로 특위를 구성하여 조사할 수 있음.

8/61

지방의회의 권한 (지방자치법 제5장 제3절)

▪ 강서구의회 조사특위 활동사례

1대~7대 임기 중 24개 특위, 9개의 조사특위를 구성하여 운영

- (7대) 이행강제금 부과 실태조사 특위
- (5대) 여성문화나눔터 조사 특위
- (5대) 뉴타운지구 지정을 위한 조사특위
- (2대) 수해대책 조사특위
- (2대) 행정사무조사 특위
- (6대) 공공청사 내 단체입주 실태조사특위
- (5대) 준공업지역 조사특위
- (3대) 행정사무 조사특위
- (2대) 의사당 건립 조사특위

9/61

지방의원과 조례

▪ 20대국회 법률안 처리 현황 (2016.05.30.~현재)

발의 주체	접수	미처리 (계류)	처리					
			처리 계 (처리율%)	법률반영	법률 미반영			
				*가결 (반영율%)	소계	부결	폐기	철회
총계	8,610	7,135	1,475 (17.1)	1,367 (92.7)	108		34	74
의원	7,880	6,836	1,044 (13.2)	936 (89.6)	108		34	74
위원장	247	9	238 (96.3)	238 (100)	0			
정부	483	290	193 (39.9)	193 (100)	0			

12/61

지방의원과 조례

▪ 7대 강서구의회 조례안 처리현황 (2014.07.01.~현재)

발의 주체	접수	미처리 (보류)	처리					
			처리 계 (처리율%)	법률반영 *가결 (반영율%)	법률 미반영			
					소계	부결	폐기	철회
총계	166	6	160 (96.4)	156 (97.5)	4	1	2	1
의원	43	3	40 (93.0)	40 (100)				
구청	123	3	120 (97.6)	116 (96.7)	4	1	2	1

기초의회는 96%이상 통과

13/61

지방의원과 조례

▪ 자치구별 입법현황

연번	자치단체	전체				의회			
		조례	규칙	훈령	예규	조례	규칙	훈령	예규
평균		235	97	35	9	10	3	4	4
1	노원구	285	116	38	3	4	2	1	0
2	양천구	268	92	45	5	12	3	15	3
3	중구	257	97	35	10	16	5	2	10
4	도봉구	251	109	31	11	13	6	5	11
5	동대문구	250	98	32	17	2	0	0	0
6	강북구	247	101	25	13	14	6	3	13
7	서초구	245	105	26	9	2	0	0	8
8	성북구	244	90	44	6	5	1	0	0
9	영등포구	243	96	23	20	4	1	1	2
10	마포구	242	94	27	15	9	2	0	6
11	구로구	242	97	37	4	16	2	1	0
12	강동구	239	105	36	0	13	8	14	0
13	관악구	237	90	44	2	14	3	16	0
14	서대문구	231	98	44	5	6	1	1	0
15	강서구	228	103	39	2	13	4	12	0
16	용산구	226	102	44	5	12	3	2	0
17	금천구	224	81	31	15	4	1	0	3
18	동작구	223	108	23	3	7	2	0	0
19	성동구	221	89	37	6	13	4	12	3
20	송파구	219	96	29	10	14	4	3	10
21	광진구	213	86	44	6	13	3	9	0
22	종로구	211	104	18	10	7	3	0	10
23	강남구	210	99	44	12	16	5	2	11
24	은평구	208	89	38	24	12	4	0	21
25	중랑구	207	94	40	3	8	3	0	0

14/61

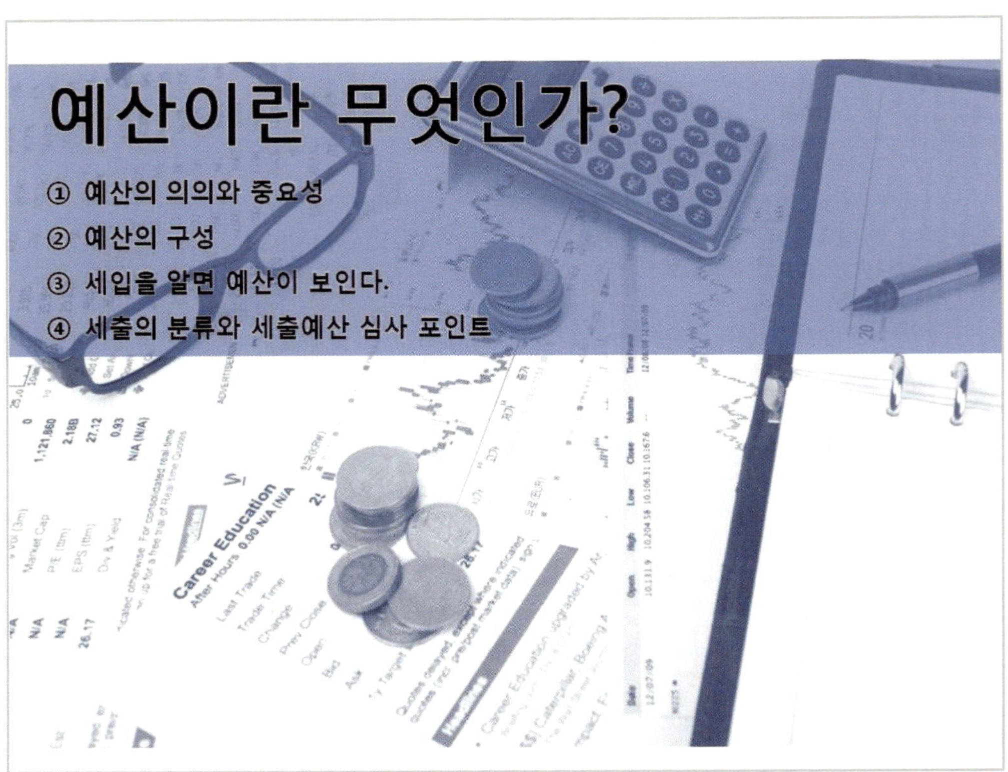
예산이란 무엇인가?
① 예산의 의의와 중요성
② 예산의 구성
③ 세입을 알면 예산이 보인다.
④ 세출의 분류와 세출예산 심사 포인트

예산은 돈!! 이다.

예산이란 무엇인가

▪ 예산의 의의와 중요성

- 예산은 자치단체의 1회계연도(1.1.~12.31.) 동안의 지방행정을 수행하기 위해 수반되는 경비
- 예산이란 사업계획과 시책을 추진하기 위해 들어가는 경비를 숫자로 표시한 것이라 할 수 있다. 자치단체의 **주요시책이나 사업계획은 예산을 통하여 구체화** 된다.
  →모든 정책과 사업이 예산이 없이는 구호에 불과

예산의 중요성

- 9월 정기국회를 예산 국회라 함 → 예산의 중요성을 강조
- 강서구의회: 1차 정례회(6월) 결산승인, 2차 정례회(11~12월) 행정사무감사와 예산안 심의의결
- 예산 심의·의결을 통해 집행부 견제(집행부 견제를 위한 가장 강력한 수단)

※ **기관 대립형** 예) 겸재미술관

18/61

예산이란 무엇인가

▪ 예산의 의의와 중요성 (관련법령)

1. 헌법
2. 지방자치법
3. 지방재정법
4. 지방회계법
5. 지방자치단체 .... 계약에 관한 법률
6. 지방자치단체 기금관리기본법
7. 지방공기업법
8. 지방세외수입금의 징수 등에 관한 법률
9. 공유재산 및 물품관리법
10. 국가균형발전특별법
11. 보조금 관리에 관한 법률
12. 지방교부세법
13. 국세와 지방세 조정에 관한 법률
14. 지방세 기본법
15. 지방세법
16. 지방재정법 시행령
17. 지방자치단체 예산편성 운용에 관한 규칙
18. 지방자치단체 예산편성 운영기준
19. 지방자치단체 예산의 성과계획서 작성기준
20. 지방재정부담심의위원회 운영규정
21. 지방자치단체 재무회계규칙
22. 지방투자기업 유치에 .... 지원기준
23. 지방재정영향평가지침
24. 지방재정위기관리위원회 운영규정
25. 지방재정위기 사전경보시스템 운영규정
26. 출자출연기관의 운영에 관한 법령
27. 출연연구원의 설립 및 운영에 관한 법령
28. 교육비특별회계 ... 설정에 관한 훈령
29. 교육비특별회계... 예산편성 기준경비 훈령
30. 지방교육재정 분석 및 진단규정 등

19/61

예산이란 무엇인가

▪ 예산의 구성

세입

세출

세입이 중요한 이유!!

20/61

예산이란 무엇인가

▪ 예산의 구성

세입

양입제출의 원칙

세입을 알면 세출이 보인다

수강생의 특수성

세입이 중요한 이유!!

21/61

세입의 구조

▪ 국세와 지방세의 종류

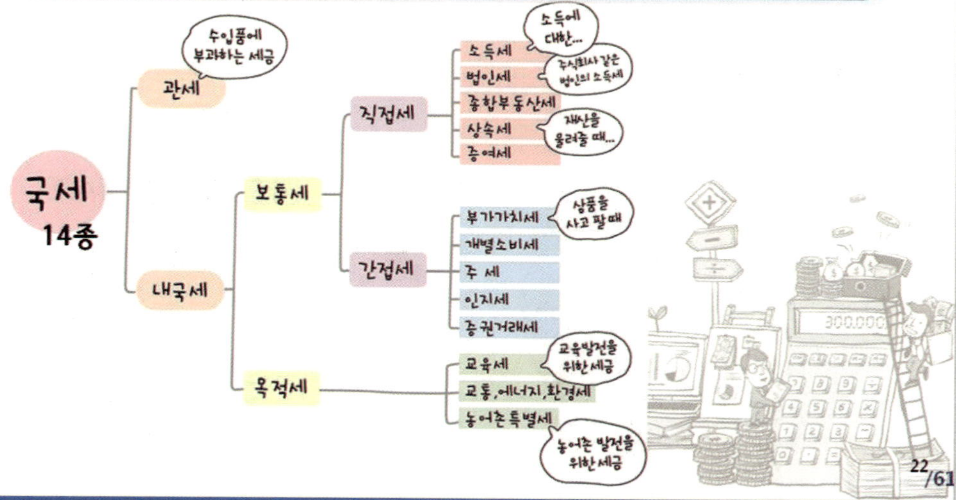

세입의 구조

▪ 국세와 지방세의 종류

지방세 11종

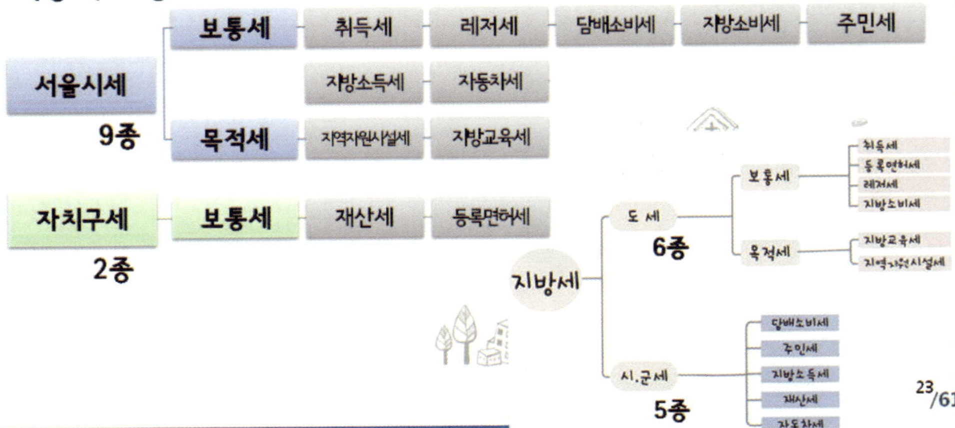

세입의 구조

▪ 국세와 지방세의 비중

국세수입: 242조

※출처: 재정정보 공개 시스템 및 2017 서울시 예산서

세입의 구조

▪ 국세와 지방세의 비중

국세수입: 242조

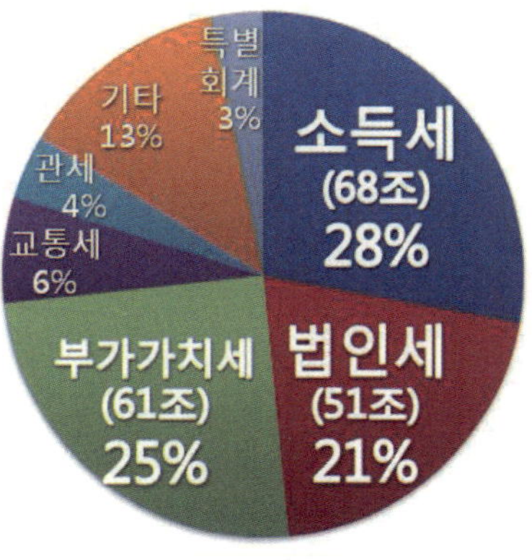

서울신문

※지방재정분권

[월요 정책마당] 다양성의 존중과 지방자치의 진화/심보균 행정안전부 차관

입력 : 2017-09-17 17:50 | 수정 : 2017-09-17 17:54

"온갖 종류의 식물이 자라고 숲속에서는 새가 노래하고 곤충들은 여기저기 날아다니며 축축한 흙 속을 벌레들이 기어 다니는 번잡스러운 땅을 바라보는 것은 즐거운 일이다."(찰스 다윈 '종의 기원') 자연의 가장 큰 특징 가운데 하나는 다양성이다. 시대마다 유행이라는 것이 있지만 사람들은 그 거대한 흐름 속에서도 저마다 개성을 추구하며 살아간다. 우리 사회에도 점차 다양성이 강조되고 있다. 특히 기술의 발전은 다양성의 분화 속도를 더욱 빠르게 만들고 있다.

▲ 심보균 행정안전부 차관

우리나라 243개 지방자치단체는 인구구조와 산업 특성 등 행정 여건이 모두 다르다. 개개인이 그러하듯 자치단체들도 저마다 특색 있는 정책으로 다양하게 운영되고 있다. 4차 산업혁명 시대에 살아

지방자치는 자치단체 재정 운영의 자율성과 책임성이 완벽하게 조화를 이룰 때 꽃을 활짝 피울 수 있다. 자치단체가 그저 중앙정부 사업을 대행하는 곳에 불과한 '무늬만 지방자치'는 4차 산업혁명 시대에 아무 소용이 없다. 모든 자치단체가 자율성과 책임성을 갖고 주민을 위한 행정서비스를 향상시키기 위해 노력하 지방자치 '꽃 길'은 바로 재정분권에서 시작된다고 말해도 과언이 아니다. 지방분권과 균형발전이 함께 성공할 수 있도록 우리 모두의 지혜와 경험을 모으고 힘을 합쳐야 할 때가 됐다.

지방자치의 '꽃길'은 재정분권에서 시작
– 2017.09.18. 서울신문 칼럼 중

세입의 구조

▪ 서울시 세입규모(2017)

보전수입 등 내부거래 1.9%
보조금 (3조1천) 15%
지방교부세 0.6%
세외수입 (1조5천) 7%
지방세 (15조) 75%

단위:백만원

총계	20,639,810
지방세	15,555,376
세외수입	1,471,908
지방교부세	133,418
보조금	3,091,175
보전수입등 및 내부거래	387,933

※2017년 본예산(총계) 일반회계 기준 – 서울재정포털 참조

26/61

세입의 구조

▪ **서울시 예산규모**(2017)

예산규모(순계): 26조3,017억원

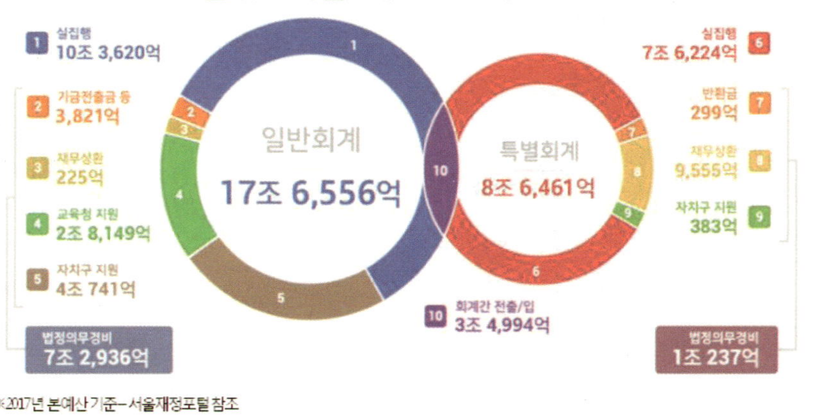

27/61

세입의 구조

▪ **강서구 세입규모**(2017)

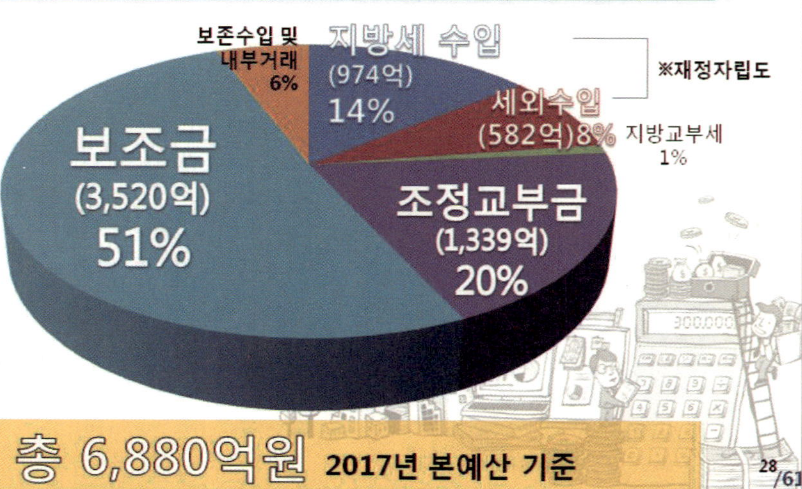

28/61

세입의 구조

세입의 구조

※세입은 장·관·항·목으로 구조화 한다.

100 지방세 수입	110 지방세	111 보통세	111-03 재산세
200 세외수입	210 경상적 세외수입	211 재산임대수입	211-02 공유재산임대료
300 지방교부세	310 지방교부세	311 지방교부세	311-01 보통교부세
400 조정교부금	410 자치구 조정교부금등	411 자치구 조정교부금등	411-01 자치구 조정교부금
500 보조금	510 국고보조금등	511 국고보조금등	511-01 국고보조금
600 지방채	610 국내차입금	611 차입금	611-01 정부자금채
700 보전수입 등	710 보전수입 등	711 잉여금	711-01 순세계잉여금
		총 28개 항	총 98개 목

29/61

세입의 구조

지방세 수입

(단위:천원)

- 주택: 13,587백만원
- 토지: 19,624백만원
- 건축물: 4,083백만원
- **항공기: 6,015백만원**
- 선박: 0.6백만원
- **공동과세분: 39,789백만원**

(주택·토지·건축물) **37,294백만원** (총 징수액- 74,588백만원의 50%)

장		관	항	목	
100지방세 수입	97,371,240 (89,977,209)	지방세	보통세	재산세	83,099,882 (76,998,554) 구 징수43,310백만, 공동39,789백만 ※항공기분 재산세: 6,015,489천원
				※ **재산세란** 과세대상인 재산을 보유하고 있는자에 대하여 과세하는 보유세로 기초자치단체인 구세의 독립세인 구세이며 보통세로, 공부상 등재 현황과 사실상 현황이 다른 경우 사실상 현황에 재산세 부과하며 과세대상은 토지, 건축물, 주택 항공기 선박이다.	
				등록면허세	13,752,949 (12,434,246)
				- 구 기타등록세(부동산, 차량 등 소유권 이외의 권리를 변경, 설정할 경우)와 구 면허세(통신판매업, 주택임대사업자 등록, 식품접객업 신고 등)가 2011년도에 등록면허세로 합쳐짐 -과세대상 : 취득이 수반되지 않는 권리의 설정·변경·소멸에 관한 등기·등록(등록) 및 각종법령에 규정된 면허, 허가, 인가, 등록 등 특정한 영업설비 또는 행위에 대한 권리 설정 또는 신고의 수리 등 행정청의 행위(면허)	
			지난년도 수입	518,409 (544,409)	

※자료출처: "2017년 강서구 세입세출예산서" 기준

30/61

세입의 구조

세외수입 – 경상적 세외수입

200 세외수입	58,217,110 (57,604,871)	경상적 세외수입	46,653,434 (45,454,236)	재산임대료	613,647 (494,579)	국유재산 임대료	30,000 (25,000)
						공유재산 임대료	583,647 (469,579)
				사용료	14,167,169 (14,454,360)	도로사용료	2,073,358 (1,997,900)
						하천사용료	15,300 (17,000)
						기타사용료	12,078,511 (12,428,180)
				수수료	13,349,664 (13,380,740)	증지수입	2,900,000 (2,850,000)
						쓰레기봉투	9,579,162 (9,291,762)
						기타수수료	870,502 (1,238,978)
				사업수입	371,810 (371,907)	의료사업수입	371,810 (371,907)
						주차요금수입	0
				징수교부금			17,173,344 (15,877,650)
				이자수입	977,800 (875,000)	공공예금 이자수입	977,800 (875,000)

서울시 세금을 자치구에서 대신 징수하고, 징수금액의 3%를 징세비용으로 자치구에 보전해주는 금액

•징수에 소요되는 처리비용(인건비, 고지서 작성, 송달 비용 등)

•시세징수교부금 개선 (징수금액 3% → <u>징수 금액과 징수 건수를 동등 (50:50)하게</u> 3%교부. 지방교육세, 특별시분 재산세는 제외)

31/61

세입의 구조

세외수입 – 임시적 세외수입

200 세외수입	58,217,110 (57,604,871)	임시적세외수입	11,563,676 (12,150,635)	재산매각수입	199,999 (350,575)	시·도유재산 매각귀속수입금	(8,445)
						공유재산매각수입금	199,999 (342,130)
				부담금	113,873 (124,000)	일반부담금	113,873 (124,000)
				과징금 및 과태료 등	4,268,056 (4,096,817)	과징금 및 이행강제금	1,017,288 (1,035,557)
						변상금 및 위약금	41,413 (37,789)
						과태료	3,209,355 (3,023,471)
				기타수입	1,529,697 (1,607,891)	불용물품매각대	30,000 (20,000)
						그외수입	1,499,697 (1,587,891)
				지난년도수입	5,452,051 (5,971,352)	지난년도수입	5,452,051 (5,971,352)

▶개발부담금, 가로수 원인자 부담금

32/61

세입의 구조

지방 교부세 국가가 지자체 간의 재정적 격차를 해소하기 위해 배분하는 재원.
보통, 특별, 부동산, 소방안전 교부세가 있다.

300 지방교부세	6,353,000 (7,073,750)	지방교부세	보통교부세	국가가 각 지방자치단체의 기본적인 행정 유지를 위하여 일반재원으로 교부하는 예산으로 서울25개 구청과 수원, 성남 등 6개 시 지자체는 불교부단체임.
			특별교부세	보통교부세의 산정 방법으로는 포착할 수 없는 재정수요나 년도중에 발생한 각종재해, 공공복지시설 복구등 예측하지 못한 특별한 재정수요 발생시 교부하는 예산 (1,803,750천원)
			부동산 교부세	6,353,000천원 (5,270,000천원) ㅇ 2005년부터 지방세인 종합토지세 제도가 폐지되고 재산세토지분과 국세인 종합 부동산세로 개편되면서 지방자치단체 세수감소분을 보완하고자, 종합부동산세 총액을 재원으로하여 부동산교부세를 신설, 전액 자치단체에 교부되고 있음 - 교부방법은 재정여건 50%,사회복지 35%, 지역교육 10% 부동산보유세 규모 5% ('15.12.10. 지방교부세법 일부개정) ※ 2017년 예산 64억원, 2016년 예산 53억원, 2015년 예산53억원 ('16년 53억원, '15년 65억원, '14년 52억원 교부)
			소방안전 교부세	소방안전교부세는 담배가격을 인상하면서「개별소비세법」에 따라 담배에 부과되는 개별소비세가 신설되면서 주요화재원인 담배에 대하여 부과되는 개별소비세 총액의 20%를 소방안전교부세로 신설하였다. 2015년부터시행

33/61

세입의 구조

조정 교부금 광역자치단체의 (지방)재정조정제도로 각 구청간 재정 불균형을 해소하고 자치단체간 일정한 행정 수준 확보와 행정서비스의 형평을 맞추기 위하여 서울시가 각 구청에 교부하는 예산.

400 조정교부금등	133,910,814 (134,878,405)	자치구조정교부금 131,901,947 (132,347,247)	ㅇ 서울시가 확보한 공공재원의 일부를 자치구에 공여하는 것으로 자치구의 재정능력 강화제도 - 보통교부금 131,901,947(118,734,371) : 자치구가 일정한 행정수준을 유지하는데 필요한 기본적 행정수행경비 수요액을 산출 후, 자치구 일반재원 수입으로 충당할 수 없는 부족분 보전재원 - 특별교부금 (13,612,876): 자치구에 특별한 재정수요가 발생하여 시장이 필요하다고 인정하여 지급 -재원 : 보통세(취득세,레저세,담배소비세,지방소득세,자동차세) 총 7개 세목의 100분의 22.6 (2013년도만 20.5%) ※ 2017년 예산 1,319억원, 2016년 예산 1,187억원, 2015년 예산 1,049억원 ('16년 1,467억원, '15년 1,178억원, '14년 1,050억원 교부) ※ 서울특별시 자치구의 재원조정에 관한 조례 제6조 제1항 보통교부금은 매년도의 기준재정수입액이 기준재정수요액에 미달되는 자치구에 대하여 그 미달액을 기초로 하여 교부한다.
		자치구 기타재원조정수입 (재정보전금) 2,008,867 (2,531,158)	2,008,867 (2,531,158) ㅇ 지방재정 형평화와 재정 불균형을 완화하기 위한 제도 -교부기준 • 2001.12자동차 면허세 폐지에 따른 감소분 보전 • 2009년부터 인센티브금액을 재정보전금으로 교부 • 2012년부터 시세와 구세의 세목교환(기타등록세 ↔ 주민세,지방소득세)에 따른 자치구별 차액 보전 ※ 2017년 예산 20억원, 2016년 예산 20억원, 2015년 예산 19억원 ('16년 25억, '15년 27억, '14년 23억원 교부)

34/61

세입의 구조

▪ 조정교부금 제도

광역자치단체의 지방재정조정제도로 각 구청간 재정 불균형을 해소하고 자치단체간 일정한 행정 수준 확보와 행정서비스의 형평을 맞추기 위하여 서울시가 각 구청에 교부하는 예산

<근거>
•지방자치법 제173조, 지방재정법 제29조의2 및 제29조의3, 동법 시행령 제36조의 2
•서울특별시 자치구의 재원조정에 관한 조례 및 동 시행규칙

재원: 서울시 보통세의 22.6% - 2017년 기준 2조6,444억원

과거- 취득세의 50%로 재원 → 문제점

35/61

세입의 구조

▪ 조정교부금 재원

서울시 보통세의 22.6% - 2017년 기준 2조6,444억원

(단위: 백만원)

구 분	2017년 (A)	2016년 (B)	증감(A-B)	
			금 액	비율
조정교부금 (c × 22.6%)	2,644,426	2,391,535	252,891	10.6
보통세 합계 (c = a + b)	11,700,999	10,582,015	1,118,984	10.6
'17년 보통세(a)	11,535,362	10,429,059	1,106,303	10.6
취 득 세	4,007,054	3,302,152	704,902	21.3
주 민 세	478,803	420,847	57,956	13.8
자 동 차 세	1,054,541	1,039,334	15,207	1.5
레 저 세	126,768	129,457	△2,689	△2.1
담 배 소 비 세	634,255	499,676	134,579	26.9
지 방 소 비 세	1,004,174	906,440	97,734	10.8
지 방 소 득 세	4,229,767	4,131,153	98,614	2.4
지난연도 보통세(b)	165,637	152,956	12,681	8.3

36/61

세입의 구조

▪ 조정교부금의 종류

서울시 보통세의 22.6% - 2017년 기준 2조6,444억원

일반 조정교부금(재원의 90%) – 재정수입이 재정수요에 미달되는 자치구에 대한 재정교부. **2조3,800억원**

특별 조정교부금(재원의 10%) – 재해, 공공시설의 신설·복구·보수 등 특별한 재정수요가 있어 시장이 필요하다고 인정한 경우 교부. **2,644억원**

37/61

세입의 구조

▪ 조정교부금 산정

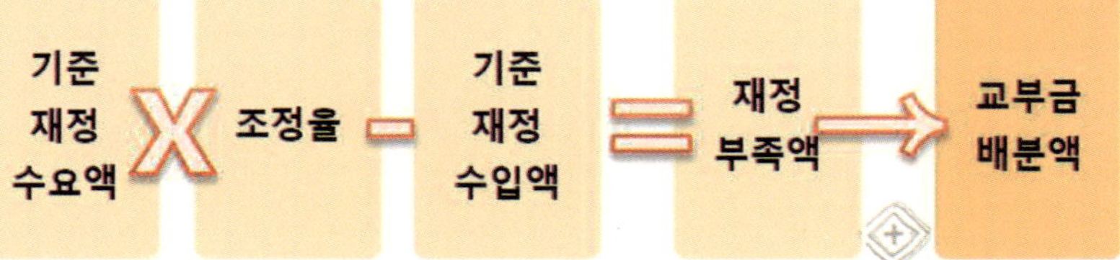

※기준재정수요가 충족(수입액>수요액)되는 **강남구는 교부제외**

$$\text{조정율} = \frac{\text{재정부족액이 발생한 자치구 재정수입액 합계+일반조정교부금 총액}}{\text{재정부족액이 발생한 자치구 재정수요액 합계}}$$

38/61

세입의 구조

▪ 기준 재정수요액 산정

기초 수요액 + 물가 상승분 + 사회복지비 구비부담금 + 특수수요 보정 + 일반관리비 등 감소분 보정

각 자치구의 통계값에 산정지표별(**18개 측정항목 및 25개 측정단위**-별표참고) 단위비용을 곱하고 고정비용을 더하여 구한 항목별 수요액을 전부합산

39/61

기초수요 측정항목·측정단위 분류표 – 조례 별표1

분야	측정항목	측정단위
1. 일반공공행정	(1)지방의회비	(1)지방의원수
	(2)일반관리비	(2)인구수
		(3)행정구역면적
2. 공공질서및안전	(3)안전관리비	(4)사업체종사자수
		(5)세대수
3. 교육	(4)교육지원비	(6)학생수
4. 문화및관광	(5)문화체육비	(7)인구수
5. 환경보호	(6)환경보호비	(8)사업체종사자수
		(9)하수도연장
6. 사회복지	(7)일반복지비	(10)세대수
	(8)기초생활비	(11)기초생활수급자수
	(9)보육사업비	(12)영유아수
	(10)노인복지비	(13)노인수
	(11)아동복지비	(14)아동청소년수
	(12)장애인복지비	(15)등록장애인수
7. 보건	(13)보건위생비	(16)인구수
8. 농림해양수산·산업.중소기업·과학기술	(14) 산업경제비	(17)사업체종사자수
9. 수송 및 교통	(15)도로관리비	(18)도로시설물연장
		(19)도로면적
		(20)미개설도로면적
	(16)교통관리비	(21)자동차대수
10. 국토및지역개발	(17)지역개발비	(22)도시계획면적
		(23)녹지대면적
		(24)하천연장
11. 기타	(18)인건비	(25)공무원수

40/61

세입의 구조

▪ 기준 재정수요액 산정

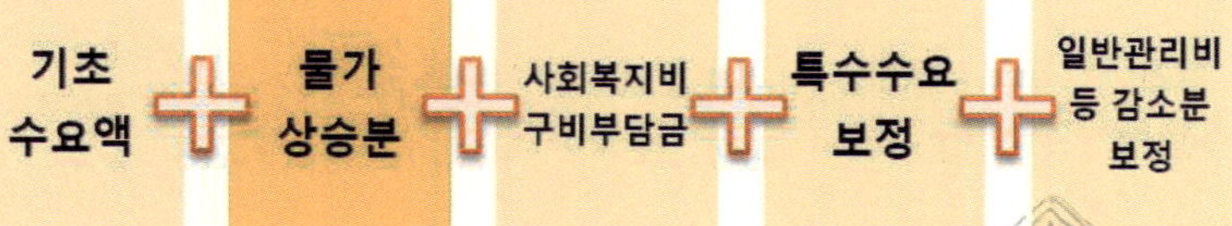

기초 수요액에 **5.59%** 일괄적용

41/61

세입의 구조

▪ 기준 재정수요액 산정

기초 수요액	+	물가 상승분	+	사회복지비 구비부담금	+	특수수요 보정	+	일반관리비 등 감소분 보정

사회복지 사업중 규모가 크고 차등 보조되는 **맞춤형급여, 보육사업비, 기초연금**에 대하여 자치구비 부담분을 별도 반영

42/61

세입의 구조

▪ 기준 재정수요액 산정

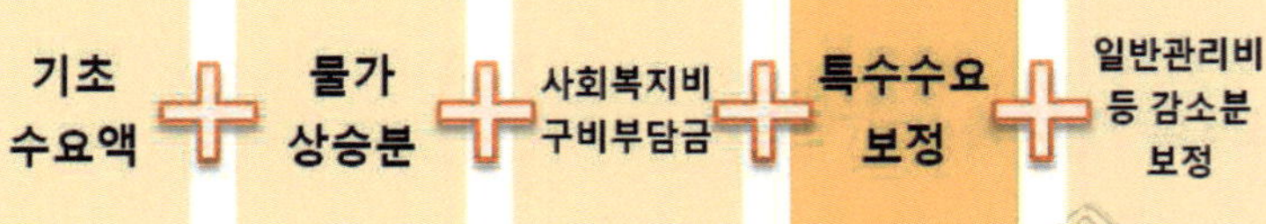

문화체육비+기초생활비+산업경제비+교통관리비+인건비 보정

자치구별 특수성에 따른 각종 수요액 보정

※ 기초생활비: 영구주택 입지 자치구는 재산세 감면에 따른 세입 감소, 저소득층 밀집으로 인한 갈등, 보건·복지분야 행정수요 증가 등 특수요인에 대한 보정

43/61

세입의 구조

▪ 기준 재정수요액 산정

기초 수요액 + 물가 상승분 + 사회복지비 구비부담금 + 특수수요 보정 + 일반관리비 등 감소분 보정

일반관리비+안전관리비+환경보호비+보건위생비 보정

사회복지수요 및 복지비 증가에 따른 재정여건 악화를 감안하여 안전, 환경, 보건위생 및 일반관리비 등 필수지출 항목에 대한 보정

44/61

자치구별 기준 재정 수요액 및 충족도

구 분	기준재정수입액 (A)	기준재정수요액 (B)	재정부족액 (B-A)	기준재정 수요충족도 (A/B)
합 계	4,083,351	6,232,694	2,149,343	65.5%
종 로 구	155,076	201,235	46,159	77.1%
중 구	177,928	192,653	14,725	92.4%
용 산 구	159,286	210,062	50,776	75.8%
성 동 구	137,616	221,314	83,698	62.2%
광 진 구	113,146	218,142	104,996	51.9%
동 대 문	130,084	241,366	111,282	53.9%
중 랑 구	112,666	243,724	131,058	46.2%
성 북 구	126,455	276,225	149,770	45.8%
강 북 구	99,062	225,164	126,102	44.0%
도 봉 구	98,577	227,052	128,475	43.4%
노 원 구	111,126	302,000	190,874	36.8%
은 평 구	133,906	272,271	138,365	49.2%
서 대 문	115,955	221,912	105,957	52.3%
금 천 구	122,058	205,397	83,339	59.4%
영 등 포	194,476	259,731	65,255	74.9%
동 작 구	138,360	236,978	98,618	58.4%
관 악 구	135,384	271,762	136,378	49.8%
서 초 구	265,279	273,242	7,963	97.1%
강 남 구	534,249	310,171	△224,078	172.2%
송 파 구	256,290	303,533	47,243	84.4%
강 동 구	150,091	253,068	102,977	59.3%

단위: 백만원

강서구	기준재정수입액(순위)	기준재정수요액(순위)	재정부족액(순위)	기준재정수요 충족도(순위)
	180,181 (5)	311,737 (1)	131,556 (5)	57.8% (13)

45/61

자치구별 조정교부금 교부액

구 분	기준재정수요액		기준재정수입액	재정부족액	
	당 초	조정 후 (100.1%)		당 초	조정 후
합 계	5,922,523	5,929,085	3,549,102	2,373,421	2,379,983
종 로 구	201,235	201,458	155,076	46,158	46,381
중 구	192,653	192,866	177,928	14,724	14,938
용 산 구	210,062	210,295	159,286	50,776	51,009
성 동 구	221,314	221,559	137,616	83,698	83,943
광 진 구	218,142	218,383	113,146	104,996	105,238
동 대 문	241,366	241,633	130,084	111,282	111,549
중 랑 구	243,724	243,994	112,666	131,058	131,328
성 북 구	276,225	276,531	126,455	149,770	150,076
강 북 구	225,164	225,414	99,062	126,102	126,351
도 봉 구	227,052	227,303	98,577	128,475	128,727
노 원 구	302,000	302,334	111,126	190,874	191,208
은 평 구	272,271	272,572	133,906	138,365	138,666
서 대 문	221,912	222,158	115,955	105,957	106,203
마 포 구	249,046	249,322	171,102	77,944	78,220
양 천 구	250,162	250,439	133,052	117,109	117,387
강 서 구	311,737	312,082	180,181	131,557	131,902
구 로 구	254,748	255,031	131,946	122,802	123,085
금 천 구	205,397	205,624	122,058	83,339	83,567
영 등 포	259,731	260,019	194,476	65,255	65,543
동 작 구	236,978	237,241	138,360	98,619	98,881
관 악 구	271,762	272,063	135,384	136,378	136,679
서 초 구	273,242	273,545	265,279	7,964	8,266
강 남 구	-	-	-	-	-
송 파 구	303,533	303,869	256,290	47,242	47,579
강 동 구	253,068	253,348	150,091	102,977	103,257

단위: 백만원

구 일반재원으로 투입

46/61

세입의 구조

보조금 국가 및 광역자치단체(서울시)의 지방재정 조정제도로 특정한 지원대상 사업 및 재정수요에 충당하기 위하여 보조하는 금액

500 보조금	351,972,070 (355,232,920)	국고보조금등	190,540,592 (185,355,884)	국고보조금	184,154,904 (179,492,833)
				광역, 지역발전 특별회계 보조금	2,158,431 (217,336)
				기금	4,227,257 (5,645,715)
		시,도비보조금 등	161,431,478 (169,877,036)	서울시 보조금	161,431,478 (169,877,036) - 서울시에서 자치구에 내시하는 보조금 - 서울시가 관리하고 있는 각종 기금에서 지원하는 보조금

47/61

보조금 사업

국가 및 광역자치단체(서울시)의 지방재정 조정제도로 **특정한 지원대상 사업** 및 재정수요에 충당하기 위하여 보조하는 금액 → 목적에 맞게 사용해야 함.

신청주의: 신청 → 집행 → 정산 → 반환

보조금 상위 3대 부서 – 2017 본예산 기준

(단위: 천원)

부서	합계	국고 보조금	시비 보조금
소계	314,881,109	179,528,750	135,352,359
사회복지과	113,463,115	70,225,167	43,237,948
여성가족과	111,079,488	38,585,758	72,493,730
어르신청소년과	90,338,506	70,717,825	19,620,681

※전체 국고보조금의 **97.5%** ※전체 시비보조금의 **83.8%**

48/61

주요 보조금 사업

사회복지과

(단위 : 천원)

사업명	합계	국비	시비	구비
생계급여	69,282,684	41,569,610	19,399,152	8,313,922
주거급여	14,960,000	8,976,000	4,188,800	1,795,200
장애인 활동지원 급여	14,728,770	7,321000	5,490,750	1,917,020

여성가족과

(단위 : 천원)

사업명	합계	국비	시비	구비
영유아 보육료	51,000,000	22,950,000	19,635,000	8,415,000
어린이집 운영개선	16,997,360	360,000	9,770,160	6,867,200
보육돌봄 서비스	11,400,000	2,340,000	6,666,000	2,394,000

어르신청소년과

(단위 : 천원)

사업명	합계	국비	시비	구비
기초연금	97,884,041	68,518,829	14,682,606	14,682,606
어르신 사회활동 지원	3,152,441	945,733	1,103,354	1,103,354
결식아동 지원	1,822,000	400,000	711,000	711,000

49/61

세입의 구조

보전수입 및 내부거래 보전수입 등 내부거래는 2014년 예산편성지침에서 순세계잉여금, 전년도 이월금 및 전입금이 세외수입에서 보전수입 등이 내부거래 항목으로 지정됨.

700 보전수입 및 내부거래	40,250,500 (49,128,177)	보전수입 등	40,250,500 (49,128,177)	순세계잉여금	40,250,000 (44,273,222)	- 일반회계 35,800,000 (38,631,744)
						- 특별회계 4,450,000 (5,641,478)
				융자금원금수입	500 (500)	
				전년도이월금 (4,854,455)	국고보조금 사용잔액	(1,861,243)
					시·도비보조금 사용잔액	(2,993,212)

50/61

세입의 구조

순세계 잉여금

세입·세출결산 총괄설명 참조

1. 2016년도 일반회계 및 각종 특별회계(공기업포함)의 결산 총괄은

○ 예산현액 702,741,963,570원 (전년도 이월금 8,846,631,570원 포함)에 대하여
수납액은 725,428,424,296원이고,
지출액은 637,512,196,320원이며,

○그 차인액 87,916,227,976원은 회계별로 다음연도로 각각 이월한다.

○다음연도 이월액 중에는

· 명시이월 15,052,586,000원 (자금 없는 명시이월액 0원)
· 사고이월 2,022,476,190원 (자금 없는 사고이월액 0원)
· 계속비이월 3,253,281,390원 (자금 없는 계속비이월액 0원)
· 보조금 집행잔액 7,392,206,716원이 포함되어 있으며 이를 공제한 **순세계 잉여금은 60,195,677,680원이다.**

※ 2017년 예산 편성 시 추정치로 402억 편성. (앞 페이지 참조)
이에 따른 200여억의 잔액은 추경의 재원이 됨.
※고무줄 예산
→때에 따라 자치단체장의 선심성 예산의 재원이 되기도 함.

51/61

세입의 구조

▪ 예산총칙의 허점

예산 총칙에 비밀이 숨어있다.

예 산 총 칙

구 분	세입·세출예산총액
합 계	
일반회계	
특별회계	
기타특별회계	
의료급여기금특별회계	
주차장특별회계	
기반시설특별회계	

예 산 총 칙

2015년도 본예산

제 1 조 2015년도 세입·세출 예산총액 및 회계별로 일시 차입할 수 있는 최고액은 다음과 같다.

구 분	세입·세출예산총액
합 계	584,428,049
일반회계	570,149,660
특별회계	14,278,389
기타특별회계	14,278,389
의료급여기금특별회계	1,271,600
주차장특별회계	13,004,789

제 2 조 세입·세출예산의 명세는 별첨 "세입·세출 명세"와 같다.

제 3 조 채무부담행위사업은 "없다".

제 4 조 계속비사업은 별첨 "계속비사업조서"와 같다.

제 5 조 2014년도 명시이월사업은 별첨 "2014년도 명시이월 사업조서"와 같다.

제 6 조 일반회계 예비비는 5,690,000천원으로 한다.

제 7 조 일반회계 지방채차입한도액은 4,500,000천원으로 한다.

예 산 총 칙

2017년도 본예산

제 1 조 2017년도 세입·세출 예산총액 및 회계별로 일시 차입할 수 있는 최고액은 다음과 같다. (단위:천원)

구 분	세입·세출예산총액	일시차입한도액
합 계	888,074,754	20,642,240
일반회계	871,737,180	20,182,116
특별회계	16,337,554	460,127
기타특별회계	16,337,554	460,127
의료급여기금특별회계	1,247,796	37,433
주차장특별회계	15,079,798	462,394
기반시설특별회계	10,000	300

52/61

예산총칙 – 2008년 본예산

예 산 총 칙

2008년도 본예산

제 1 조 2008년도 세입 · 세출 예산총액 및 회계별로 일시 차입할 수 있는 최고액은 다음과 같다.

(단위:천원)

구 분	세입 · 세출예산총액	일시차입한도액
합 계	308.437.076	9.253.112
일반회계	294.239.745	8.827.192
특별회계	14.197.331	425.920
기타특별회계	14.197.331	425.920
의료급여기금특별회계	1.089.032	32.671
주차장특별회계	11.674.419	350.233
기반시설특별회계	1.433.880	43.016

제 2 조 세입 · 세출 예산의 명세는 별첨 "세입 · 세출 명세"와 같다

제 3 조 채무부담행위사업 "없음"

제 4 조 계속비사업은 "계속비사업조서"와 같다

제 5 조 명시이월사업 "없음"

제 6 조 일반회계 예비비는 3.768.391천원으로 한다

제 7 조 일반회계 지방채차입한도액은 8.827.192천원으로 한다

제8조 지방재정법 제47조 제1항 단서규정에 의한 총액인건비에 포함된 경비는 상호 이용할 수 있다.

제9조 회계연도 중에 내시되는 보조금, 교부금(세)은 예산 승인된 것으로 간주처리하고 의회에 사후 보고 한다.

53/61

예산총칙 비교표

예 산 총 칙

2008년

제8조 지방재정법 제47조 제1항 단서규정에 의한 총액인건비에 포함된 경비는 상호 이용할 수 있다.

제9조 회계연도 중에 내시되는 보조금, 교부금(세)은 예산 승인된 것으로 간주처리하고 의회에 사후 보고 한다.

2015년

제8조 지방재정법 제47조 제1항 단서규정에 의한 총액인건비에 포함된 경비, 재무활동경비, 동일부서에서 동일부문에 있는 정책사업간 경비, 재해대책 및 복구경비는 상호 이용할 수 있다.

제9조 회계년도 중에 내시되는 보조금, 교부금(세), 재정보전금, 특정목적기부금, 외부기관 전입금 및 포상금은 예산 승인된 것으로 간주처리하고 의회에 사후 보고 한다.

2017년

제7조 (예산이용) 지방재정법 제47조 제1항 단서규정에 의한 기준인건비에 포함된 경비, 재해대책 및 복구경비는 상호 이용할 수 있다.

제8조 (간주처리) 회계연도 중에 교부되는 전액 보조금, 특별교부금(세), 재정인센티브, 특정목적기부금, 외부기관 전입금 및 포상금은 예산 승인된 것으로 간주처리하고 의회에 사후 보고 한다.

54/61

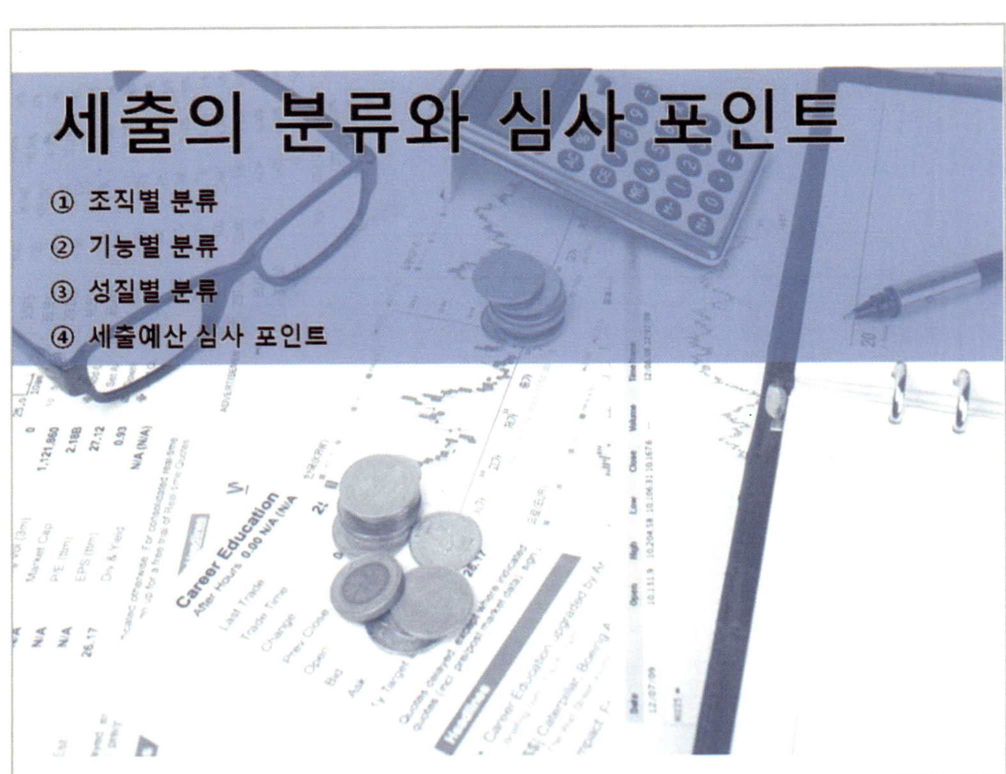

세출의 분류

▪ **조직별 분류** – 부서별 편성예산

【 조 직 별 】 (단위:천원)

구 분	예 산 액	구성비	전년도예산액	구성비	비교증감	증감률
총 계	688,074,734	100.00 %	624,022,956	100.00 %	64,051,778	10.26 %
본청	652,836,728	94.88 %	593,396,118	95.09 %	59,440,610	10.02 %
감사담당관	230,006	0.03 %	216,383	0.03 %	13,623	6.30 %
감사담당관	230,006	0.03 %	216,383	0.03 %	13,623	6.30 %
안전행정국	152,972,252	22.23 %	134,419,714	21.54 %	18,552,538	13.80 %
행정지원과	106,285,149	15.45 %	95,048,722	15.23 %	11,236,427	11.82 %
생활복지국	438,180,222	63.68 %	414,001,026	66.34 %	24,179,196	5.84 %
복지지원과	11,993,289	1.74 %	11,476,856	1.84 %	516,433	4.50 %
사회복지과	132,710,705	19.29 %	123,222,901	19.75 %	9,487,804	7.70 %
여성가족과	138,236,189	20.09 %	133,144,121	21.34 %	5,092,068	3.82 %
어르신청소년과	115,360,271	16.76 %	109,580,765	17.56 %	5,769,506	5.27 %
환경과	714,326	0.10 %	750,435	0.12 %	△36,109	△4.81 %
청소자원과	39,175,442	5.69 %	35,825,948	5.74 %	3,349,494	9.35 %

71.59%

56/61

세출의 분류

▪ 기능별 분류

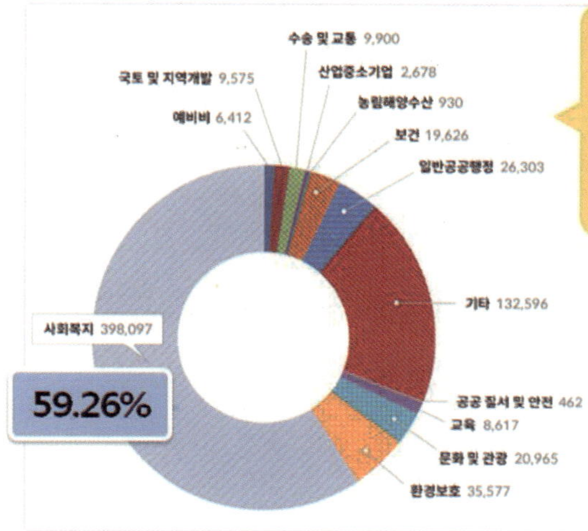

57/61

세출의 분류

▪ 성질별 분류

100인건비- 보수, 무기계약근로자 보수 등	108,733,214천원	15.8%
200물건비- 일반운영비, 여비, 업무추진비 등	43,366,123천원	6.3%
300경상이전- 일반보상금, 포상금, 연금부담금 등	498,057,641천원	72.4%
400자본지출- 시설비 및 부대비, 민간자본이전 등	24,410,280천원	3.6%
500융자 및 출자- 융자금	2,000천원	0.0%
700내부거래- 기금전출금	3,640,675천원	0.5%
800예비비 및 기타- 예비비, 반환금기타	9,864,801천원	1.4%

58/61

세출예산 심사포인트

지침서와 공무원이 스승

지침서대로 편성

산출근거가 정확한지 (품목이 정확한지)

사업의 타당성

선심성, 낭비성, 정치적 예산은 없는지

과거 예산과 연동하여

59/61

세출의 분류

세부 사업설명서 샘플

체육사업대행

회계연도 : 2017년	회　계 : 일반회계
조　직 : 안전행정국 문화체육과	기　능 : 문화및관광 체육
정책사업 : 평생하는 생활체육전개	단위사업 : 생활체육시설 관리 운영

편성목별		당해연도 예산액	전년도 예산액	비교증감	증감률
2)미곡실내배드민턴장	477,609,000원*1식	477,609			
2)미곡레포츠센터	1,946,814,000원*1식	1,946,814			
2)가양레포츠센터	490,248,000원*1식	490,248			
404 공사공단자본전출금		279,333	0	279,333	100.00%
01 공사 · 공단자본전출금		279,333	0	279,333	100.00%
1)시설관리공단 대행사업비		279,333			
2)올림픽체육센터	152,743,000원*1식	152,743			
2)공항동문화체육센터	8,140,000원*1식	8,140			
2)미곡실내배드민턴장	19,700,000원*1식	19,700			
2)미곡레포츠센터	67,190,000원*1식	67,190			
2)가양레포츠센터	31,560,000원*1식	31,560			

60/61

결산심사 포인트 및 결산사례

① 결산심사 포인트

② 결산사례

결산심사 체크포인트

▪ 결산심사 주요포인트

예산집행의 효과성	체납액과 불납결손 사유
사업의 변경·취소 사유	사고이월의 사유와 발주 시기
이용·전용의 사유·용도·시기	예비비 지출의 용도와 시기
불용액의 발생 원인	계속비의 사업계획과 추진실적

※ 결산 검사와 심사 차이점

※ 결산 검사 의견서

61/61

결산심사 체크포인트

▪ 결산심사 사례

2010 회계연도 결산검사 대표위원 활동 시 사례 (2011.06.02.)

2011 대표 결산검사위원 활동 시

- 전문가 결산위원(회계사, 세무사 등)에게 지적사항, 수범사례 등에 대해 매일 제출하도록 함
  (왜?) 아무리 지적사항, 시정안을 만들어도 2~3일후면 집행부의 간곡한 부탁과 하소연 등으로 사라지기 일쑤

- 결산감사 시간 엄수

- 전문가(회계사, 세무사, 전직 예결산 담당 간부급 공무원 등) 결산위원들이 30일간 공을 들여 만들어 놓은 의견서를 의원들이 잘 숙지하지 않고 활용하지 않음

61/61

지방의원의 길, 문

2018년 3월 22일 초판 인쇄
2018년 3월 28일 초판 발행

저 자 | 이영철
발행인 | 이구만
발행처 | 유원북스 도서출판

04091 서울특별시 마포구 토정로 222, 416호(신수동, 한국출판콘텐츠센터)
전화번호 (02)593-1800 FAX (02)6455-1809
등록 2011.9.6. 제25100-2012-3호
www.uwonbooks.com uwbooks@daum.net
isbn 979 11 6288 027 2 03300
정가 20,000원

이 도서의 국립중앙도서관 출판예정도서목록(CIP)은 서지정보유통지원 시스템 홈페이지(http://seoji.nl.go.kr)와 국가자료공동목록시스템(http://www.nl.go.kr/kolisnet)에서 이용하실 수 있습니다. (CIP제어번호: CIP2018008929)